"Se Mercedes o tivesse abraçado, você jamais esqueceria. Ela tinha o talento de abraçar as pessoas como ninguém mais no mundo; a sensação era sempre a de ter sido abraçado pela própria Mãe Natureza. Ela abraçou a todos nós com sua voz, com essa inigualável voz de bel canto que sempre foi uma expressão pura de sua alma. Nunca houve nada de artificial nessa mulher maravilhosa, essa mulher corajosa, esse ícone de destemida resistência à ditadura militar. Para mim, ela irradiava o que de mais importante há em um grande ser humano: bondade."

- Konstantin Wecker, cantor e poeta, Alemanha

"Nesta obra, você encontrará uma nova e tocante perspectiva sobre a nossa amada Mercedes. É uma homenagem sincera e afetuosa que honra a vida da minha mãe. Obrigado, Anette, por todo o seu esforço, em nome da Fundação Mercedes Sosa."

- Fabián Matus, *filho de Mercedes Sosa e presidente da* Fundação Mercedes Sosa *até o seu falecimento*, em março de 2019.

Mercedes Sosa
Uma Lenda

Anette Christensen

Mercedes Sosa
Uma Lenda

Um tributo à vida de uma das maiores artistas da América Latina
(1935 - 2009)

Traduzido por Mariana D'Angelo

Editora: Tektime
Editores: Daniel Loedel - NY Book Editors e David Larkin
Tradução: Mariana D'Angelo
Capa: © Mariana D'Angelo
Projeto Gráfico: © Tribute2Life Design
Ilustrações de Abertura de Capítulos: © Monica Gaifem
Desenhos Internos: © Anette Christensen
Fotografia da Autora: © Pernille Schmidt
Fontes Utilizadas: Lora e Antonio
ISBN:
(Capa Comum)
(eBook)
Primeiras Edições
Original title: Mercedes Sosa More than a song
Mercedes Sosa-Uma Lenda

Dedicatória

Em homenagem a Fabián Matus, filho de Mercedes Sosa, falecido em 15 de março de 2019, menos de dez anos após a morte de sua mãe. Você trabalhou de corpo e alma para sua mãe enquanto estava viva, e talvez ainda mais para estabelecer o legado dela após a sua morte.

Às Avós da Praça de Maio, que mesmo em uma idade avançada, ainda estão ativas na busca pelos filhos roubados de seus pais e entregues aos generais durante a Guerra Suja. Vocês são um exemplo para todos nós, de que idade não é impedimento para mudar o mundo.

Às pessoas que Mercedes Sosa amou e ajudou durante toda a vida. Aqueles que sofrem com o fardo da pobreza, da perseguição, da censura, da tortura e de qualquer forma de injustiça social, como os indígenas, os marginalizados, os oprimidos, os desabrigados, os órfãos, os deprimidos, os solitários e todos aqueles que nunca foram vistos e amados por quem são.

Sumário

Prefácio por Maria Rita....1
Introdução....5
Dinamarca, 4 de outubro de 2009....11
Buenos Aires, 4 de outubro de 2009....13
Tempo antes do exílio....17
Exílio....53
Tempo depois do exílio....63
Doença e os últimos anos....91
Conclusão....117
Epílogo....121
Depoimento - Raimundo Fagner....123
Apêndices....125
Sobre a autora....129
A Fundação Mercedes Sosa....131
Notas finais....133
Gravações....135
Fontes....137
Bibliografia....141

Prefácio por Maria Rita

Eu não me lembro quando conheci Mercedes Sosa – de nome, pelo menos, não. Fico provocando minha memória, tentando resgatar um momento que seja – mas o que volta para mim de concreto é a minha própria voz cantarolando "Gracias a la vida". Eu devia ter uns 14, 15 anos. Foi na época que eu busquei conhecer minha mãe, entender aquela mulher pr'além da cantora: a força, a entrega, a beleza, a inteligência, a sensibilidade, a coragem. Durante esse período alguém me deu algum disco e essa canção (ou seria um hino?) apareceu com toda a profundidade que tem. Me arrebatou. E me despertou para uma outra voz, que também cantou essa mesma canção. A voz de uma mulher também forte, entregue, bela, inteligente, sensível, corajosa. Era Mercedes Sosa.

Quando estudava na NYU (1996 – 2000), fiz "estudos latino-americanos", além de "comunicação social", e pude mergulhar um pouco mais na realidade dessas mulheres todas, na realidade de um tempo que há muito tinha ido mas que, por algum motivo, vibrava forte em mim. Construí uma ponte entre essas mulheres à frente do tempo. Destemidas, apesar de tanta sombra. Entendi o papel social da mulher naquele período triste, entendi a fibra da mulher, em especial da mulher latino-americana.

Ouvir Mercedes me trazia um colo, um entendimento do que é ser força, do que é ser arte. (especialmente por que ouvir minha mãe me causava uma dor, uma saudade que nem sempre foi fácil de lidar). Era uma voz que me causava uma emoção inexplicável. Sua versão de "Gracias a la vida", tão absolutamente diferente da versão de minha mãe, me instigou: como é que Mercedes conseguia trazer tanta doçura e leveza à uma narrativa que, em outra voz, soava como uma demanda, um rasgo na alma?

Tenho para mim que encontrei a resposta no dia que a conheci pessoalmente, na sala de estar do seu apartamento em Buenos Aires. Ela era tudo isso: uma força descomunal saindo de um corpo pequeno, olhos brilhando e me olhando firme, um abraço silencioso que disse tanto. Eu, ali, entendi que Mercedes sabia que nem tudo precisava ser rasgo na alma, e que também podemos fazer revolução com doçura e leveza. Mercedes me trouxe uma calma que eu, honestamente, não imaginei que sentiria diante de tamanha lenda. Mercedes me olhou e me abraçou e me acolheu como quem entende o peso da história, o tamanho de sua contribuição para essa história. Me acolheu com respeito e com saudade. Me observou com generosidade. Mercedes, para mim, é toda essa complexidade que só uma mulher poderia ser. E ela me inspira justamente por isso. Me inspira a ser vida, a ser arte, a ser o olhar adiante. Me inspira a carregar a doçura e o rasgo na mesma alma feminina. Seja em meio à sombra, seja em meio à luz. Cheia, repleta, completa. Gigante!

Maria Rita

Maria Rita, Rio de Janeiro, 10 de outubro de 2020
www.maria-rita.com

Introdução

FOI EM 4 DE OUTUBRO de 2009, quando sua morte foi anunciada no noticiário, que eu vi Mercedes Sosa pela primeira vez. Era um curto vídeo onde ela cantava "Gracias a la vida" em um show acústico na Suíça em 1980. A primeira coisa que me impressionou foi sua autenticidade. Eu podia sentir que ela era uma pessoa verdadeiramente íntegra. O que ela expressava parecia estar em completa sintonia com quem ela era. A intensidade e a firmeza em sua voz, o entoar de cada nota e de cada palavra pareciam refletir a minha alma. Sua sensibilidade, profunda paixão, presença marcante e carisma me emocionaram intensamente. Comecei a ver e ouvir Mercedes Sosa na internet e logo me vi completamente imersa em sua vida – um universo de música e amor. Lágrimas escorriam pelo meu rosto enquanto eu a assistia e ouvia suas músicas, e intuitivamente comecei a usar seus olhos como um espelho, refletindo aquilo que eu havia perdido na infância. Em seus olhos encontrei o olhar de uma mãe, um olhar que dizia: "Eu vejo quem você é, e para mim você é maravilhosa".

Como a descoberta de Mercedes Sosa teve um impacto tão profundo e inquietante em mim, comecei a procurar por qualquer informação que conseguisse encontrar sobre ela.

Logo descobri que não era só eu que me sentia revigorada e transformada em sua presença. Ao me aprofundar na vida de Mercedes, descobri que seus fãs muitas vezes se referiam a ela como uma "presença mística". Isso despertou minha curiosidade em saber mais sobre sua vida pessoal – a relação que tinha com a família, os fãs e os amigos, e também sobre os eventos que moldaram sua vida pessoal e profissional. Eu embarquei em uma jornada para descobrir o segredo por trás de seu enorme impacto e dessa tal "presença mística".

O que descobri me afetou em vários níveis. Ver como Mercedes lidava com problemas sociais e políticos aumentou minha consciência social. Observar como ela se relacionava com os outros, fossem camponeses ou presidentes, amigos ou inimigos, me tocou profundamente e despertou em mim um desejo de me tornar mais respeitosa e compassiva, e prestar mais atenção aos outros.

Eu sou uma pessoa sensitiva e intuitiva, e sempre busco o melhor nos outros. Às vezes, quando encontro uma pessoa pela primeira vez, meu sexto sentido me diz que encontrei ouro. É uma sensibilidade que me permite sentir a essência de uma pessoa e ver de imediato sua beleza interior. Foi exatamente isso que aconteceu quando Mercedes Sosa apareceu em meu radar. Eu senti que tinha encontrado um tesouro, e quanto mais eu descobria sobre ela, mais convencida ficava de que tinha encontrado uma lenda.

Naturalmente, me interessava em conversar com outras pessoas sobre ela, então perguntava a quem quer que encontrasse se a conheciam, mas nunca tive uma resposta positiva. Perceber que ela ainda era uma figura anônima entre os falantes da língua inglesa, aliado à minha vontade de conhecê-la, aprender sobre ela e me conectar com ela, trouxe-me inspiração para escrever este livro. Lembro-me de estar sentada na escada do lado de fora de casa, olhando para as estrelas, quando essa ideia passou pela minha cabeça pela primeira vez, apenas um mês depois de sua morte.

Escrever este livro tem sido como montar um quebra-cabeça de mil peças, começando com apenas uma e sem saber como seria a imagem completa. Eu estava tão atraída por aquela única peça encontrada, que tinha que procurar pelas outras novecentos e noventa e nove. Eu sou uma pessoa empenhada e extremamente persistente, e o desafio de não ter acesso às fontes em espanhol só aumentou a minha motivação. Os primeiros quatro anos foram uma solitária jornada, já que eu não tinha ninguém com quem pudesse compartilhar minha paixão. Mas isso mudou em 2013, um ano depois de meu marido e eu termos nos mudado da Dinamarca para a Turquia.

Eu voltava da praia quando passei em frente a uma pequena loja, pela qual passo todos os dias. Neste dia em particular notei um lindo vestido em *batik* turquesa pendurado do lado de fora. Como turquesa era minha cor preferida na época, decidi parar e experimentar. Até então, só tínhamos conhecido duas pessoas turcas que falavam inglês, então quando a moça da loja se aproximou e percebi que ela falava inglês muito bem, fiquei surpresa e muito feliz.

Também fiquei um pouco chocada porque ela parecia muito com a Mercedes Sosa quando jovem. Ela era uma pequena mulher de aparência exótica, com longos cabelos negros e intensos olhos escuros. Além disso, eu identifiquei imediatamente que sua essência era parecida com a de Mercedes. Evidentemente não poderia deixar de fazer a ela a mesma pergunta que fiz a todos que cruzaram o meu caminho nos últimos quatro anos, mesmo sem nunca ter tido uma resposta positiva. Eu perguntei: "Você conhece a Mercedes Sosa?"

Sua resposta fez meu coração acelerar. "É claro que eu conheço, eu adoro ela!"

Quando eu disse que estava escrevendo um livro sobre a Mercedes, ela ficou animada, falou que queria ler e até mesmo vender o livro em sua loja. Ela disse também que trabalhou a maior parte da vida na indústria literária na Turquia e que se interessava em traduzir o livro para turco. Eu ainda não tinha acabado quando nos conhecemos, mas encontrá-la me incentivou a terminar e publicar o livro. Foi o começo de uma amizade muito especial, e acredito que foi a maneira que a vida encontrou de me encorajar a seguir com o projeto.

Ao escrever este livro, entrei em contato com a família de Sosa, na Argentina, com a esperança de obter informações sobre a vida dela e também a aprovação deles para este projeto de documentação de sua vida, infância, carreira na música e o ambiente sócio-político em que viveu. Sinto-me muito feliz com a aprovação deles no estágio inicial do livro e também que tenham achado interessante minha abordagem psicológica.

Além disso, conversei com alguns fãs e amigos pessoais de Mercedes Sosa e incluí também suas histórias. Através da minha conexão com pessoas da América Latina no Facebook, onde tenho atualmente mais de 16.000 seguidores, comecei a entender a profunda afeição de Mercedes Sosa por seu povo. Os latino-americanos se tornaram muito especiais para mim também, e seu carinho, apoio e incentivo tocaram meu coração.

Não considero este livro uma biografia completa de Mercedes Sosa – é mais propriamente um perfil pessoal dela.

Eu usei minha imaginação em alguns trechos para preencher lacunas sem reduzir a credibilidade da história como um todo. Essas passagens estão listadas nos apêndices. Lá também explico como usei uma abordagem empática para conhecer Mercedes bem o bastante para escrever este livro sem ter acesso às fontes em espanhol.

Talvez você se pergunte o porquê do meu empenho em descrever a situação política na América do Sul. Através da Mercedes eu me afeiçoei pela América do Sul e percebi que o continente é muito negligenciado pela mídia fora dos países de língua espanhola. Como disse certa vez o cantor cubano Pablo Milanés, amigo de Mercedes, é impossível contar a história da América Latina sem mencionar Mercedes Sosa. Acredito que o oposto também seja verdade. É impossível falar de Mercedes Sosa sem mencionar esse conturbado mas vibrante continente, ao qual Mercedes se dedicou sua vida inteira. Refiro-me à América do Sul como o continente no hemisfério ocidental constituído pelos países e ilhas ao sul do Panamá. Uso América Latina como entidade cultural de nações de línguas espanhola e portuguesa em ambas as Américas.

Em meu canal no YouTube, *Mercedes Sosa - The Voice of Hope*, você encontrará uma *playlist* com muitas das músicas e acontecimentos que descrevo no livro. Ao deparar-se com eles, recomendo visitar o canal para ter uma melhor compreensão do que está sendo descrito.

Estou feliz por, após quase dez anos analisando, ouvindo, assistindo, pesquisando e escrevendo, poder finalmente apresentar a você esta incrível mulher, que influenciou um continente inteiro usando seu talento inigualável e sua personalidade marcante, e que mudou a minha vida mesmo após a sua morte. Em *Mercedes Sosa – The Voice of Hope*, poderá saber mais sobre minha jornada pessoal com Mercedes, onde conto como curei feridas emocionais ao me relacionar com ela como uma mãe. Acredito que minha história, assim como as perspectivas científicas que sustentam minha experiência, podem ser úteis para qualquer pessoa que esteja se sentindo presa a experiências limitadoras, devastadoras ou atormentadoras do passado. Esta edição foi publicada para marcar o 10º aniversário da morte de Mercedes Sosa e contém apenas a parte biográfica do livro original.

Escrevi este livro por profundo respeito a Mercedes Sosa e a tudo o que ela representa. Esta é minha canção de amor a Mercedes Sosa. Em sua voz, a vida se transforma em uma canção com o perfume da esperança, tão doce e belo quanto as flores que crescem nos caminhos daqueles que olham para o futuro. Sua voz representa uma mulher que, por sua vez, representa sonhos, ideais e um amor que vai muito além das fronteiras da música.

Mercedes Sosa foi mais do que uma canção. Ela foi a voz da esperança para muitos. Que este livro amplifique sua voz e a esperança que ela despertou.

“As pessoas mais belas que conhecemos são aquelas que conheceram a derrota, o sofrimento, as dificuldades, as perdas, e encontraram o caminho para fora das profundezas. Essas pessoas têm uma apreciação, uma sensibilidade e uma compreensão da vida que as enche de compaixão, gentileza e uma profunda preocupação amorosa. Pessoas belas não surgem ao acaso.”

Elisabeth Kübler-Ross

Dinamarca, 4 de outubro de 2009

"A cantora argentina e heroína popular Mercedes Sosa morreu devido à falência múltipla dos órgãos após ter sido internada em um hospital em Buenos Aires há três semanas. Sua carreira se estendeu por mais de seis décadas e ela gravou mais de quarenta álbuns, fazendo apresentações no mundo todo. Sosa foi o ponto de referência de resistência para muitos argentinos durante o período da ditadura e, através de suas canções, deu vida ao movimento de protesto entre a classe trabalhadora, o que levou ao colapso da junta militar em 1983. Mercedes Sosa ficou famosa na Europa no período em que viveu exilada na Espanha e na França, de 1979 a 1982. Ela viveu até os setenta e quatro anos de idade."

É UMA NOITE de domingo e me sento para assistir ao noticiário com meu marido. Junto com o relato sobre a morte de Mercedes Sosa, um curto vídeo é exibido na tela da TV, mostrando uma linda mulher de longos cabelos negros. Ela usa um vestido preto com um poncho andino vermelho por cima. Com uma paixão extraordinária e uma voz marcante e comovente ela canta uma canção, "Gracias a la vida" (Graças à vida). Fico encantada com sua autenticidade e carisma, e não demora até perceber que estou assistindo a uma mulher verdadeira e sincera, tão pura e extraordinária que começo a questionar-me por que não tinha ouvido falar nela até agora. Como se nada mais importasse, levanto-me para usar a internet e descobrir mais sobre ela. Aparecem numerosos *links* do YouTube. Começo a assistir e a ouvir.

No primeiro vídeo, Mercedes canta gloriosamente "Zamba por vos" (Zamba para você), com o quarteto folclórico argentino Los Chalchaleros. Radiante e graciosa, como um abraço gentil, Mercedes sobe ao palco com um sorriso reconfortante nos lábios e os olhos brilhando de entusiasmo. Em meio a intermináveis aplausos, ela cumprimenta os membros do conjunto, envolvendo-os em calorosos abraços. Ela então se volta para o público e, calmamente, começa a cantar em sua voz de contralto – intensa, agradável e suave.

O segundo vídeo a que assisto é "Todo cambia" (Tudo muda), gravado em 1993 no Festival de Viña del Mar, no Chile. Vestida de preto da cabeça aos pés, ela aparece mística e monumental, soando tão poderosa e convincente quanto aparenta. Conforme conquista o palco, dando passos de dança latino-americana enquanto balança a echarpe sobre sua cabeça, sinto emanar dela uma enorme energia. Vejo uma pessoa dinâmica e determinada, sem medo de expressar seu verdadeiro eu. Seu olhar carinhoso e sincero, embora firme, cativa-me e sinto como se ela estivesse, através da tela do computador, olhando diretamente para minha alma. Há algo nela, uma "presença mística", que alcança as partes mais íntimas do meu ser e me toca profundamente. Lágrimas escorrem pelo meu rosto quando percebo que achei algo que sempre esperei encontrar.

Instintivamente compreendo que ela é uma cantora com uma mensagem e uma missão. Eu quero descobrir quais são.

Buenos Aires, 4 de outubro de 2009

Em seguida ao anúncio oficial da presidente, que marca o começo de três dias de luto nacional, as bandeiras são hasteadas a meio mastro por toda a Argentina. Ao redor do país, concertos e shows programados para esse período são cancelados e condolências de chefes de estado – da América Latina e do resto do mundo – não param de chegar.

"La Negra" (A Negra), como era carinhosamente chamada por causa dos cabelos pretos e sua ascendência andina do norte da Argentina, repousa serenamente em seu caixão na sala mais formal do Congresso, o *Salón de los Pasos Perdidos*, honra reservada apenas aos mais notáveis ícones nacionais. Na *Avenida Callao*, rua que leva ao Congresso, admiradores fazem fila para prestar homenagens.[1]

Nos *Pasos Perdidos*, coroas de flores luxuosas enfeitam o impressionante hall de mármore. Lustres imensos e enormes velas iluminam a penumbra do amplo salão, com o caixão aberto posicionado bem ao centro. A presidente da Argentina, Cristina Fernández de Kirchner, acompanha a família de Sosa enquanto prestam condolências à cantora. A família, incluindo o filho de Mercedes, Fabián Matus, e os dois netos, Agustín e Araceli, mantém-se próxima, com os braços entrelaçados como em um meio abraço, enquanto Cristina acaricia a mão sem vida de Mercedes Sosa. Néstor Kirchner, ex-presidente e marido de Cristina, permanece ao seu lado, discreto e com um olhar atento.

A população também está presente. Respeitosamente, um crescente grupo de pessoas passa pelo caixão aberto onde ela jaz com seu vestido azul bordado. Os longos cabelos negros, que aos 74 anos não têm um único fio grisalho, emolduram a face serena com maçãs do rosto salientes. As mãos, cuidadosamente dobradas em seu ventre, envolvem um buquê de rosas brancas. O cantor Argentino Luna toca suas músicas enquanto fãs chorosos cantam em coro e se revezam para levar flores ao ataúde.

5 de outubro de 2009

OS FAMILIARES próximos de Fabián e Mercedes seguem o caixão de madeira marrom que é levado ao carro funerário estacionado do lado de fora do Congresso. Multidões de todas as idades se juntam na *Avenida Rivadavia* para assistir à partida de sua última viagem, do Congresso ao crematório. Estão todos unidos em um momento histórico para a Argentina, que ultrapassa diferenças políticas e sociais.

A procissão de carros funerários passa vagarosamente. Pelo caminho, muitas pessoas carregam cartazes com dizeres carinhosos sobre Mercedes. Um velho revolucionário, em seus sessenta anos, segura uma faixa que diz: "Obrigado pela sua vida e pela sua luta". Várias pessoas são vistas aplaudindo e acenando à bandeira argentina com honroso entusiasmo. Os jovens cantam animadamente várias e várias vezes "*Olé Olé Olé Olé, Negra Negra*", como se fosse a seleção voltando após vencer um campeonato de futebol. Em praticamente todas as esquinas, grupos de pessoas munidas com diferentes instrumentos começam a cantar. Uma linda melodia ecoa pelas ruas de Buenos Aires – música que por décadas trouxe esperança e conforto, desafiando a ditadura e apoiando a democracia.

É um dia de tristeza que toca profundamente a alma argentina. A heroína popular nacional, a mãe da nação, está morta. Mas o que ela proporcionou através da sua vida e sua música nunca morrerá. Continuará existindo para sempre.

A procissão deixa lentamente o Congresso. Os primeiros carros levam as flores. O último leva o caixão.

Tempo antes do exílio

San Miguel, Tucumán, 9 de julho de 1935

NO HOSPITAL SANTILLÁN, no noroeste argentino, Ema del Carmen Girón, aos vinte e quatro anos, acaba de dar à luz. São sete horas da manhã. Sua filha recém-nascida dorme abrigada em seus braços. A bebê anunciou sua chegada ao mundo com berros tão fortes que podiam ser ouvidos por toda a maternidade. O que ninguém sabe é que uma das melhores vozes da história acaba de emitir seu primeiro som. Ema está grata pela nova e preciosa vida que carrega nos braços e, por um momento, esquece todos os desafios financeiros que vêm com a criação de um filho. Ema trabalha como lavadeira e seu marido, Ernesto Quiterio Sosa, tem um emprego na indústria açucareira onde colhe cana de açúcar e abastece o forno com carvão no Moinho de Tucumán.

Através da janela meio aberta, Ema ouve ao longe salvas de tiros de canhões. Ela os conta – vinte e um. Nove de julho é o Dia da Independência da Argentina. Seu instinto diz que não é uma coincidência a filha ter nascido nesta data. Ela então confidencia à parteira, que acaba de voltar ao quarto: "Esta menina será alguém muito influente um dia. Seu nascimento está sendo celebrado com vinte e uma salvas".[2] A partir deste momento, ela guarda essa certeza em seu coração.

EMA E seu marido, Ernesto, costumam concordar em tudo, mas quando têm que escolher o nome da filha recém-nascida, deparam-se com um problema. Ema quer chamá-la de Marta, enquanto Ernesto opta por Mercedes, em homenagem à sua mãe, e Haydeé, em homenagem à uma prima querida. Ela acaba por se chamar Haydeé Mercedes Sosa, mas pelo resto da vida, a mãe teimosamente a chamará de Marta.[3]

Mercedes é criada em Tucumán, também chamada de Jardim da República. Uma região agrícola de clima subtropical com inúmeros campos de cana-de-açúcar, flores e árvores frutíferas, a menor província da Argentina. É nesse oásis no noroeste argentino que Mercedes cresce com sua irmã mais velha, Clara Rosa – também chamada de Cocha – e seus dois irmãos, Fernando e Orlando. A família vive em um bairro operário pobre. O cor-de-rosa dos muros da pequena casa térrea na *Calle San Roque* 344 começa a enegrecer por causa da fuligem e da fumaça das fábricas ao redor, e em algumas partes a tinta já está descascando. A única iluminação que entra na casa vem de duas pequenas janelas com barras de ferro voltadas para a estreita rua onde as crianças costumavam brincar, inventando seus próprios jogos, já que nunca tiveram brinquedos. Felizmente, eles moram perto do parque da cidade, que também tem ligação com o dia da independência argentina, sendo nomeado *Parque Nove de Julio*. O lugar se torna uma segunda casa para eles.

Durante a infância, Mercedes gosta de brincar no parque com seus irmãos e as outras crianças daquela modesta vizinhança.[4] Ela está sempre alegre e tem facilidade em se relacionar com os outros, mas às vezes prefere estar sozinha, e se retira para sua árvore favorita. Ela gosta de se sentar encostada ao tronco enquanto assiste aos insetos zunindo ao seu redor. É uma criança forte em muitos sentidos, mas também tem um lado sensível e reflexivo que a faz questionar por que algumas pessoas são ricas enquanto outras são pobres. Desde muito cedo na vida ela tem definida a percepção de certo e errado. É uma sensibilidade resultada claramente de ter visto seus pais trabalharem duro para manter a fome afastada de casa. Mesmo fazendo todo o possível, muitas vezes eles não têm condições de comprar comida para os filhos. Para mantê-los distraídos da fome, eles os levam para brincar no parque todas as noites na hora do jantar.[3] Para Mercedes, os sábados são os melhores dias, porque é quando seu pai recebe e a família pode desfrutar de um prato de espaguete com manteiga, a única refeição quente que fazem durante toda a semana. Por vezes, a fome a mantém acordada à noite durante horas.[4]

Ainda assim, anos mais tarde Mercedes diria que teve uma infância feliz. "Eu não quero me lamentar como alguém que viveu na fome, no frio e na pobreza. Passei minha infância em uma casa pobre que, no entanto, era aquecida pelos sentimentos necessários. Meus irmãos e eu sempre tivemos o essencial, porque nunca nos faltou amor. Nesse sentido, éramos milionários. Nossos pais não só sacrificaram suas vidas, mas também foram espertos. Eles nunca colocaram em nós o fardo de seus sacrifícios. Eles nos deram tudo que puderam, sem revelar o que tiveram que fazer para consegui-lo."[5]

Mercedes nunca se afastou de fato da mentalidade simples com a qual cresceu, e isso molda sua consciência social e faz com que tenha compaixão pelos pobres, o que, juntamente com o amor recebido dos pais, define sua ideologia e forma o alicerce no qual continuará a se apoiar. Já adulta, ela conclui que "A pobreza sempre nos perseguiu, mas nunca nos derrubou, só nos ajudou a ser livres e escolher nosso modo de pensar".[3]

Mercedes tem uma relação próxima com os avós. Seu avô por parte de mãe é metade francês, enquanto os avós por parte de pai são ameríndios com raízes quéchua, descendendo do império inca. Mercedes não conhece suas origens indígenas até que sua avó, à beira da morte, entra em delírio e começa a falar em quéchua. Essa nova descoberta suscita nela um amor pelo povo indígena e sua cultura, um carinho que carrega consigo durante toda a vida.[2]

Quando Mercedes começa a ir à escola, aprende rapidamente a ler. Ela ama ler, e sempre que é hora de preparar a comida em casa, Ema a manda para fora da cozinha para que possa ir ler em seu quarto.[6] Para Ema, é importante que Mercedes adquira todo o conhecimento possível, e a filha nunca resiste. Ela é curiosa e motivada, e absorve as palavras de um livro atrás do outro como uma esponja. Isso amplia seus horizontes e a ajuda a compreender a história, a cultura e as pessoas de diferentes origens. Durante sua infância, Mercedes também canta e dança. Para ela é como falar e andar. Ainda assim, ela continua tímida e não gosta de se apresentar para os outros.

Até que um dia, em outubro de 1950, quando tinha quinze anos, a professora de música da escola, Josefina Pesce de Medici, descobre sua habilidade para cantar. Para encorajar seu talento, a professora pede a ela que lidere o coral da escola, cantando o hino nacional em uma festividade escolar. Mercedes tenta se esconder ao fundo, mas Medici pede que ela venha para frente de todos os professores, colegas e pais e cante em alto e bom som. Ela está nervosa, apavorada, mas se sai tão bem que a professora e alguns colegas decidem, sem dizer nada, inscrevê-la em um concurso na rádio local. "Me lembro de cantar a minha vida toda, mas cantar em casa e para o mundo são coisas bem diferentes. Houve um momento em que isso aconteceu. Eu tinha quinze anos, um dia a escola acabou duas horas mais cedo e estava acontecendo uma competição na emissora de rádio da cidade, a LV12. Eu fui mais para tocar do que para cantar."[5] Mercedes escolhe cantar "Triste estoy" (Triste estou), um zamba de Margarita Palacios, usando o pseudônimo de Gladys Osorio. Ela ganha o concurso e o prêmio é um contrato de dois meses com a rádio. É o primeiro passo de sua longa carreira. Mercedes já sabe que quer passar o resto da sua vida cantando. Uma estrela acaba de nascer.

Sua mãe sabe sobre o concurso, mas não seu pai, Ernesto, quem elas sabiam que não aprovaria. Ele acaba por descobrir ao reconhecer a voz da filha no rádio, e fica muito aborrecido. Quando Mercedes chega em casa, ele lhe dá um tapa na cara, algo que nunca tinha feito antes. Ele não quer que a filha se torne uma cantora porque acha que isso a afastará da família e a levará para um estilo de vida rebelde e mundano. Ele não acredita que haja futuro em ser cantora, e quer que seus filhos estudem para que possam alcançar mais na vida do que ele pôde. Mas para conseguir o contrato de dois meses com a rádio, Mercedes, que é menor de idade, precisa do consentimento dos pais, e Ema não quer assinar pelas costas do marido. Ela é uma mulher esperta e sabe como convencê-lo. Com um pouco de persuasão ele finalmente cede e assina o contrato, com a condição de que Mercedes continue a estudar. Para agradá-lo, ela decide tornar-se professora de dança e estudar danças tradicionais latino-americanas, como a *Chacarera*, a *Milonga*, e a *Zamba*.

A região onde cresceu, com influência de culturas indígenas da vizinha Bolívia, inspira-a a tornar-se cantora popular de músicas folclóricas, embora pudesse ao invés disso ter facilmente feito uma carreira na ópera – o que inclusive considerou por algum tempo. Sua escolha profissional acabou por ser uma vantagem para sua carreira como artista. Mas ela não para de cantar e continua recebendo muitos convites para se apresentar em eventos públicos. Seus pais não têm outra escolha a não ser acostumarem-se com a ideia, o que pouco a pouco o fazem. Não demora para que toda a família a acompanhe aonde quer que ela vá.[4]

Ainda que Mercedes ame cantar, e mesmo com a frequência que o faz para o público, ainda é um imenso desafio estar diante dele. Ela continua tímida e, apesar das aparências, sofre de severo medo de palco. É um medo que ela sabe que precisa vencer para realizar aquilo que está se tornando seu sonho.

EMA E Ernesto se interessam por política. Eles não pertencem a nenhum partido, mas apoiam Juan Perón e ainda mais sua esposa, Evita, a quem admiram pela beleza e influência. Assim como eles, Evita vem de uma região pobre do país; diferentemente deles (mas quem sabe como sua filha), ela conseguiu, como atriz, sair da pobreza. Agora, com o marido no governo, ela é responsável pelo Ministério do Trabalho e pelo Ministério da Saúde. Seu foco tem sido reformas para ajudar a população mais pobre e por isso cria a Fundação Eva Perón, organização beneficente responsável pela construção de casas, escolas, hospitais e orfanatos. Evita também está por trás da legislação que dá às mulheres o direito de voto pela primeira vez. Ela é uma heroína aos olhos da classe trabalhadora e é amada por milhões de argentinos, mesmo com os conservadores de direita se mantendo veementemente contra ela.

Aos dezessete anos, Mercedes adora Evita e a vê como uma verdadeira revolucionária. É uma grande tristeza para ela quando, em 26 de julho de 1952, Evita morre de câncer cervical, com apenas trinta e três anos de idade.[2]

Em 1957 Mercedes conhece Manuel Oscar Matus, um compositor e violonista apaixonado por música tradicional latino-americana, assim como ela. Mercedes se apaixona perdidamente por ele e por suas canções, apesar de já estar noiva de outra pessoa. "Eu estava prestes a casar com um homem rico, mas me casei com um homem pobre, e nunca me arrependi. Aquele homem pobre foi o autor das canções mais lindas que tenho cantado. Não me casar com ele teria sido um grande erro".[3]

Além disso, Oscar é bonito e charmoso, com fortes ideais esquerdistas. Eles se casam em 5 de julho de 1957. Mercedes não quer deixar Tucumán, onde viveu por toda a sua vida, mas Oscar a convence a se mudarem para Mendoza, na região Centro-Oeste do país. A cidade é um ponto de encontro cultural para artistas, onde começam muitas amizades vantajosas. Mercedes logo engravida e em 20 de dezembro de 1958 dá à luz seu filho, Fabián. Viver da música é um enorme desafio para eles, a jovem família passa por dificuldades financeiras e vive em más condições, o que faz Mercedes se lembrar de sua infância. Eles gostariam de ficar em Mendonza, mas as complicadas circunstâncias os forçam a se mudar para Buenos Aires, deixando para trás amigos e família, enquanto começam uma nova jornada em busca de uma vida melhor e mais estável.[8]

Mas mesmo na capital, eles logo percebem que não conseguirão viver somente da música, então fazem faxinas e trabalham como porteiros noturnos em hotéis. Mercedes, assim como seus pais, sofre com o peso de ser incapaz de alimentar sua família. Quando vai ao mercado, ela compra sobras de costelas sem carne – os ossos podem dar algum sabor à sopa que cozinha. Pela primeira vez na vida, ela se sente desencorajada e deprimida. Essa não é a vida que imaginou, nem para si nem para seu filho.

Artisticamente, Oscar Matus é uma grande inspiração para Mercedes, e é com muita alegria que ela canta suas músicas. Ele a encoraja a dedicar-se ainda mais às tradições musicais latino-americanas e a resgatar a música folclórica, gênero que está prestes a ser esquecido com o avanço da música contemporânea. Ele é o produtor de seus dois primeiros álbuns, *La voz de la zafra* (A voz da colheita) e *Canciónes con fundamento* (Canções com fundamento). Eles se apresentam frequentemente para os estudantes no campus da

Universidade de Buenos Aires, onde Mercedes recebe considerável reconhecimento por parte dos alunos, apaixonados pela sua voz e por sua personalidade envolvente. Ela sempre arruma tempo para conversar com eles e ouvir suas ideias. À medida que sua popularidade aumenta, isso desperta em Oscar um ciúme artístico que põe à prova sua união. A pressão financeira, ainda presente mesmo com os recentes sucessos de Mercedes, afetam ainda mais o casamento deles. Apesar da admiração pelo trabalho de Oscar, ela tem dúvidas sobre a durabilidade do relacionamento. Ao que parece, a paixão pela música é a única coisa que os une.

COMEÇANDO NO Chile, por influência de Violeta Parra e Víctor Jara, o Movimento da Nova Canção (*Nueva Canción Movimiento*) espalhou-se nos anos 60 e 70 por toda a América Latina. Ele é associado à música revolucionária, pois os artistas buscam se unir ao público na luta pela democracia e justiça social, esperando assim realizar mudanças políticas e sociais através da música. As letras destacam questões como a pobreza, o imperialismo, a democracia, os direitos humanos e a liberdade religiosa, e se relacionam com as pessoas marginalizadas pois colocam em palavras suas lutas e esperanças. A música "Plegaria a un Labrador" (Prece para um trabalhador), de Víctor Jara, por exemplo, fala sobre a necessidade de reformas agrárias, dando aos agricultores o direito de possuírem a terra que cultivam.

Livra-nos daquele que nos domina na miséria
Traga-nos o teu reino de justiça e igualdade
Sopra, como o vento, a flor do precipício
Limpa, como o fogo, o cano do meu fuzil
Faça-se por fim tua vontade aqui na terra
Dê-nos tua força e coragem para lutar

Tais canções, carregadas de mensagens políticas disfarçadas por evocativas e poéticas metáforas, são interpretadas como ameaças aos governos opressivos. Uma das preferidas de Mercedes, que em muitos sentidos se assemelha à sua própria luta e resiliência, é "Como la cigarra" (Como a cigarra), da argentina María Elena Walsh, poeta e escritora de livros infantis.

Tantas vezes me mataram
Tantas vezes eu morri
Entretanto estou aqui
Ressuscitando
Graças dou à desgraça
E à mão com o punhal
Porque me matou tão mal
E segui cantando
Cantando ao sol
Como a cigarra
Depois de um ano
Debaixo da terra
Como o sobrevivente
Que volta da guerra

Mercedes Sosa e Oscar Matus são as figuras-chave do Movimento da Nova Canção na Argentina. Desejando trocar ideias com artistas e movimentos ao redor da América Latina, eles se encontram com onze outros músicos e poetas em Mendoza, em 11 de fevereiro de 1963, para assinar o Manifesto de Fundação do Novo Cancioneiro (*Manifiesto Fundacional del Nuevo Canciónero*). O movimento enfatiza a história indígena do continente e as raízes culturais nativas, fazendo uso de instrumentos folclóricos como a flauta andina, a quena, as flautas de pan e o charango de dez cordas.[9]

Na Argentina, Mercedes e Oscar trabalham juntamente com Armando Tejada Gómez, um poeta argentino que vive em Mendoza. Gomez escreve as letras, Matus compõe as músicas e Mercedes Sosa traz a voz que os conecta. Mercedes nunca escreve as próprias músicas – sua força está em interpretar as canções de outras pessoas e torná-las suas. "Eu me apaixono por uma canção como apaixono-me por um homem. Eu amo o que canto",[3] ela diz. Como muitas outras canções que interpreta, "Gracias a la vida" (Graças à vida) também foi escrita pelos chilenos Víctor Jara e Violeta Parra. Graças à interpretação tão persuasiva e pessoal de Mercedes, a música se torna uma das mais conhecidas do movimento no mundo todo, e vira também sua marca registrada. Nos Estados Unidos ela é cantada por Joan Baez, que também usa sua popularidade como um veículo de protesto social, expressando sua visão anti-imperialista decorrente da Guerra do Vietnã.

OSCAR MATUS é um comunista fervoroso e apoia métodos militantes. Mercedes se junta a ele no partido, mas não aceita a abordagem militante deles e se desfilia logo depois. Apesar da brevidade de sua adesão ao Partido Comunista, ela é rotulada pelo resto da vida como um de seus membros, estigmatizada por políticos de direita como uma ameaça comunista. Do outro lado, os comunistas ao mesmo tempo que tiram proveito em ter seu nome na lista de membros, a culpam por não ser uma "verdadeira" comunista, já que não rompeu com a Igreja Católica. No entanto, Mercedes não permite que ninguém a rotule. Ela é o que canta na canção "Como un pájaro libre" (Como um pássaro livre), um pássaro livre que segue seu coração e sua convicção em tudo o que faz.

O envolvimento dela no Movimento da Nova Canção é um palanque ideal, onde pode combinar sua arte e sua preocupação com as questões sociais. Ela é uma mulher com ideologias de esquerda, mas não se vê como uma líder política e também não gosta de ser taxada como uma manifestante.[10] "Eram músicas de protesto? Eu nunca gostei desse rótulo. Eram canções sinceras sobre o modo como as coisas realmente são. Eu sou uma mulher que canta, que tenta cantar o melhor possível com as melhores músicas disponíveis. Foi-me atribuído este papel de grande contestadora, mas não é nada disso. Eu sou apenas uma artista pensante. Política sempre foi uma coisa idealista para mim. Eu sou uma mulher de esquerda, mas não pertenço a partido algum, e acho que artistas deveriam manter-se independentes de todo e qualquer partido político. Eu acredito em direitos humanos. A injustiça me faz sofrer, o que quero é a paz verdadeira",[11] ela diz.

Se reafirmando como artista, ela ganha alguns inimigos na esquerda, enquanto seus ideais esquerdistas a fazem uma inimiga da direita. É um dilema, mas que não a impede de se posicionar em sua música. "Às vezes uma canção precisa ter um conteúdo social. Mas a questão primordial é a integridade. Na América Latina, o simples fato de um artista ser honesto, é por si só político",[12] ela diz, e defende que os artistas têm os mesmos direitos em ter uma ideologia que qualquer outra pessoa.

NÃO SÃO só questões políticas que Mercedes precisa encarar, ela também enfrenta um dilema moral ao engravidar pela segunda vez. Ela ama crianças e quer mais filhos, mas sente que isso seria irresponsável.[8] A carreira consome quase todo seu tempo e energia, e a vida turbulenta e instável em que vive não corresponde a um ambiente seguro para criar um filho. Ela já sofre pelas dificuldades que encontra em ser a mãe ideal para Fabián, e é um grande desafio conciliar as altas expectativas que tem de si mesma como mãe com suas ambições como artista. Ela está tensa com a ideia de ter um segundo filho, então, quando adoece durante a gravidez, Mercedes decide fazer um aborto. É uma decisão muito difícil, que a faz sentir incapaz de honrar os próprios ideais.[8]

Essa experiência a faz compreender melhor as meninas que engravidam contra sua vontade. Ela não é contra a Igreja Católica, mas vê como um problema que a igreja se oponha à educação sexual de jovens adultos e que falhe ao lidar com a questão das crianças que são molestadas por padres. Muitas adolescentes morrem por ir a médicos incapazes, que não sabem como fazer o procedimento de forma correta e segura. Ela acredita que garotas de quinze anos não estão preparadas para cuidar de um filho, e que precisam de alguém para apoiá-las.[8] Ela embarca então em uma jornada para a vida toda, tornando-se porta-voz dos direitos das mulheres. Em 1995 é homenageada por seu trabalho ao receber o Prêmio UNIFEM das Nações Unidas.[13]

Mercedes nunca se arrepende da decisão de ter abortado, mas sente-se constantemente culpada por isso.

A PRESSÃO financeira, o estilo de vida imprevisível, a criação de um filho, as discordâncias políticas e o ciúme de Oscar – que faz com que ele a trate mal – forçam Mercedes a se questionar se é capaz de manter os votos e continuar no casamento.[4] Ela está desesperada para sair dessa situação, mas vê-se novamente em um dilema. Ela sempre foi uma "boa menina", manteve-se virgem até o casamento e nunca foi infiel ao marido. De acordo com as normas da época e os valores tradicionais da região, ela cresceu acreditando que boas meninas não se divorciam. Mesmo assim, pondera tomar essa decisão, que também vai contra seus valores e sua personalidade leal. No entanto, enquanto reflete, ela descobre que Oscar a traiu e quer deixá-la por outra mulher. Ele toma a decisão por ela, tranquilizando sua consciência. Mas ela se sente humilhada e tem dificuldades em aceitar que ele a tenha abandonado. Raiva não é um sentimento que ela costuma ter, mas acaba por odiar a outra mulher pelo resto da vida. "Eu não deixei o casamento. Ele me abandonou. Uma garota tucumana se casa para a vida toda. Isso me destruiu".[4]

Mercedes e Oscar foram casados por oito anos, até que ela, aos trinta, finalmente aceita que o casamento não tem futuro e concorda com a separação.

Depois do divórcio, ela se sente desolada e solitária. Sem ter sequer um lugar permanente para ficar, ela muda de uma pensão à outra com Fabián, agora com sete anos de idade. A certa altura, ela decide mandá-lo para morar com os avós em Tucumán. Seu rendimento vem do que ganha cantando em casas noturnas em Buenos Aires, mas não é o suficiente, e ela vê-se obrigada a pedir empréstimos aos amigos para sobreviver. Quando chega o dia de pagá-los de volta, e ela pergunta quanto deve, todos eles dão respostas como "Que dinheiro?". Ela se emociona profundamente com o senso de solidariedade demonstrado por eles, que também são artistas lutando para conseguir pagar as contas.

Em 1965, Mercedes dá um passo significativo na carreira. Graças ao apoio do famoso cantor argentino Jorge Cafrune, que a convida para cantar no Festival Nacional de Folclore de Cosquín, ela alcança o sucesso nacional. A princípio, a organização do festival não quer que ela se apresente pois a consideram comunista, mas Jorge Cafrune insiste. De pé no palco, com os braços em volta de Fabián, que traz consigo sempre que pode, ela agradece a Jorge e à organização pela oportunidade de cantar. A canção que marca sua grande revelação é quase profética, sua letra aponta assustadoramente na direção do que Mercedes está prestes a enfrentar.

A noite vem a mim no meio da tarde

Mas não quero me transformar em sombras
Eu quero ser luz e ficar[4]

Em 1967, uma nova vida começa a tomar forma. Profissionalmente, Mercedes é apresentada nos grandes palcos internacionais. Ela faz shows em Miami, Roma, Varsóvia, Lisboa, Leningrado e várias outras cidades. Ela fica noiva de Francisco Pocho Mazzitelli, seu empresário, com quem fez amizade enquanto ainda era casada com Oscar. No começo ele era apenas um bom amigo, mas a amizade se transformou em amor. Ele se torna crucial para o desenvolvimento musical de Mercedes, já que gosta de diferentes gêneros musicais e apresenta a ela a música clássica e o jazz. O relacionamento deles ajuda a evitar que ela fique ainda mais deprimida e solitária após o divórcio. Francisco, ou Pocho, como o chama, a resgata da escuridão, e ela percebe que para manter-se na luz, precisa agarrar-se a ele.[4] Em 1968 eles decidem se casar. Pocho é alguns anos mais velho e dá a ela a paz e a estabilidade que nunca teve no casamento com Oscar. Ele acaba por ser o amor da sua vida, seu verdadeiro parceiro e um pai substituto para Fabián. Ele também está lá para apoiá-la em seu luto quando o pai morre subitamente de um infarto em junho de 1972, aos sessenta e dois anos de idade.[8]

À MEDIDA que a popularidade do Movimento da Nova Canção cresce entre a classe trabalhadora, se torna uma ameaça real aos ditadores no poder em todo o continente. Não tarda até que muitos dos artistas enfrentem repressão política – censura, perseguição, intimidação – e alguns sejam forçados ao exílio. Víctor Jara, grande amigo de Mercedes e um dos líderes do movimento no Chile, sai em apoio a Salvador Allende para presidente. Em 1970, Allende é empossado como o primeiro chefe de estado socialista em um país da América Latina eleito por vias democráticas. Quando se apresenta em frente à multidão para ser homenageado pela primeira vez, há uma faixa pendurada atrás de si onde se lê: "Não é possível fazer uma revolução sem cantar".

Víctor Jara está presente em todos os encontros políticos de Allende. Ele faz shows gratuitos em apoio ao governo e turnês pelo mundo todo, destacando ao público o caminho pacífico do Chile para o socialismo. No entanto, após um sangrento golpe em 11 de setembro de 1973, os militares, liderados pelo comandante-chefe Augusto Pinochet, depõem Allende, que morre de causas desconhecidas durante o ataque ao palácio presidencial.

Na mesma hora, Jara está na Universidade Técnica do Estado, em Santiago, onde trabalha como professor. A universidade fica a poucas centenas de metros de distância do palácio presidencial e está cercada por militares, portanto ninguém consegue sair. Víctor liga para sua esposa inglesa, Joan, e diz a ela para ficar dentro de casa com as duas filhas até que o conflito esteja terminado. Ele diz que vai passar a noite na universidade com outros professores e alunos, e volta para a casa de manhã. Eles declaram seu amor um pelo outro e ele desliga. É a última vez que ela ouve sua voz. Pela manhã, alunos e professores são atacados pelos militares e, junto com milhares de outros chilenos pró-Allende, são levados ao estádio nacional de futebol, Estadio Chile. Aqui, Jara é torturado. Primeiro eles forçam-no a cantar e tocar seu violão. Depois cortam suas mãos com um machado e o executam com quarenta e quatro tiros na cabeça, peito, braços e pernas. Alguns dias depois, Joan encontra seu corpo em uma vala nos arredores de Santiago.[14]

Eles o fizeram por medo. Como disse um oficial, "Víctor Jara pode causar mais prejuízos com suas canções do que cem metralhadoras". Esta declaração demonstra quão poderoso o Movimento da Nova Canção se tornou, e porque a junta militar, comandada por Pinochet, proíbe o nome e a música de Jara em todo o Chile. Felizmente sua viúva, Joan, consegue enviar clandestinamente a maioria das canções originais do marido para fora do país, permitindo que sejam copiadas e espalhadas mundo afora. Sua morte trágica faz dele um mártir, um símbolo na luta contra o fascismo e a injustiça social na América Latina e no resto do mundo.

Quando a notícia sobre o assassinato de Víctor Jara chega à Mercedes, ela desaba em lágrimas. Ela agora sabe quão longe o regime está disposto a ir até parar os cantores do Movimento da Nova Canção. Ao mesmo tempo, ela também percebe que essas canções são uma poderosa arma. Ela está determinada a continuar cantando-as a qualquer custo, contanto que tragam esperança ao povo. A morte de Jara só coloca mais lenha na fogueira que arde dentro de si. Agora, mais do que nunca, ela está pronta para continuar a luta contra os opressores dos desfavorecidos.

O último álbum de Mercedes, *Hasta la victoria* (Até a vitória), contém músicas com temas sociais e políticos, claramente em resposta a esses horríveis acontecimentos. A canção "Plegaria a un labrador" é quase uma bandeira vermelha tremulando na cara da direita furiosa, já que foi escrita por Jara. No Chile, a música foi censurada. Enquanto isso, na Argentina, as autoridades sob o comando de Alejandro Agustín Lanusse se sentem igualmente ameaçadas e provocadas pelas canções de Mercedes. Com medo de que ela incite uma revolta, eles proíbem a maioria de suas músicas, que deixam de ser tocadas na rádio. Seus discos não podem mais ser vendidos nas lojas. Ela ainda tem permissão para se apresentar, desde que mantenha as canções banidas fora do repertório, mas a liberdade para se expressar e ganhar a vida está consideravelmente restrita. "Eu sempre cantei canções sinceras sobre amor, paz e injustiça. Infelizmente algumas pessoas se sentem ameaçadas pela verdade", ela diz.[15]

O golpe no Chile precede o que será um grande baque para Mercedes. A Argentina passa por um golpe atrás do outro, gerando caos político e mudanças governamentais. Perón, que foi derrubado em 1955 por um golpe militar dado pelo católico nacionalista Eduardo Lonardi, consegue voltar ao governo em 1973, depois de anos de exílio na Espanha. Isso traz um fio de esperança para a democracia, mas o Partido Peronista está dividido entre alas liberais e conservadoras, fazendo com que seja difícil, senão impossível, governar. Na Espanha, Perón foi fortemente influenciado pelo General Franco, e sua nova esposa, Isabel, a quem nomeou vice-presidente, se empenha apenas em atender às demandas de grupos da direita. Ela também se interessa pelo ocultismo, e mantém uma forte conexão com o vidente José López Rega, a quem convence o marido de contratar como seu secretário pessoal. López Rega se torna responsável por estabelecer uma força paramilitar, a Aliança Anticomunista Argentina, ou *Triple* A, como ficou conhecida. A organização é encarregada essencialmente de aniquilar todos os membros da ala esquerda dentro do partido. A última estada de Perón no governo é curta, já que ele falece em 1 de julho de 1974 devido a um infarto. Isabel Perón assume a presidência após a morte do marido, tornando-se a primeira mulher fora da monarquia a ocupar o cargo no Ocidente. Mas ela quase não tem experiência política, e menos ainda ambições. Ela nomeia López Rega ministro do Bem-estar Social. Ele tem convicções extremamente fascistas e sob sua influência, Isabel passa para a extrema-direita. Ela assina um decreto que dá à *Triple* A carta-branca para abater atividades de guerrilha e "exportar todos os desordeiros". É organizado um esquadrão da morte, inspirado por alguns dos milhares de criminosos de guerra nazistas que Juan Domingo Perón permitiu entrar na Argentina depois da Segunda Guerra Mundial.[16] Em 1974 eles matam setenta oponentes de esquerda. O número cresce rapidamente e, em 1975, são assassinadas cinquenta pessoas por semana![17]

Durante o mandato de Isabel Perón como presidente, a economia do país entra em risco. O peso cai setenta por cento e a Argentina vive uma inflação devastadora, resultando em uma recessão. Paralelamente, ela é acusada pela oposição de transferir enormes somas do programa beneficente do governo, *Cruzada de Solidaridad* (Cruzada da Solidariedade), para suas contas bancárias pessoais na Espanha. Ela perde então os últimos apoiadores que tinha e, em novembro de 1974, declara o país em estado de emergência.

MERCEDES VÊ-SE em meio a tudo isso quando, em 1974, é convidada pelo Partido Comunista para ir a Cuba. A viagem é vista com severidade pelos que estão no poder e, a alguns dias da partida, ela recebe uma carta antes de um concerto no Teatro Estrella, em Buenos Aires. Ela abre e fica paralisada. Seu coração acelera. Tremendo, ela lê a mensagem assinada pela *Triple* A dizendo-lhe para sair do país em quatro dias ou aceitar as consequências.[4] Ela tem um espetáculo a fazer e recompõe-se, fingindo que está tudo bem. Mas aquilo a derruba. O que quer que ela faça, sabe que sua vida e carreira estão prestes a mudar para sempre.

Depois do show, Pocho insiste que eles encarem o medo e voltem a pé, como sempre fazem, ao invés de se acovardarem. Mas falar é mais fácil do que fazer. Andando pela Rua Carlos Pellegrini em direção à Rua Cordoba, no centro de Buenos Aires, eles percebem que estão sendo seguidos, uma experiência que fica marcada na memória de Mercedes. "Era uma noite de sábado. Eu nunca vou esquecer. Durante essa caminhada eu aprendi o que é o medo", ela diz.[2]

Eles voltam para casa apressadamente e, quando estão seguros dentro dela, afastam cuidadosamente a cortina da sala para olhar a rua. O mesmos homens estão lá fora. Em pé sobre a calçada, eles espreitam o *flat* enquanto fumam um cigarro. Mercedes começa a suar. Suas mãos tremem. Pocho coloca os braços sobre seus ombros e tenta acalmá-la, explicando que a *Triple* A não pode fazer nenhum mal a ela porque isso atrairia muita atenção internacional. Mas Mercedes está convencida de que seu nome figura na lista de "Comunistas Perigosos" da

Triple A, ainda que já tenham se passado anos desde que ela foi membro do partido. Ela também sabe que eles consideram suas músicas perigosas. Mercedes está determinada a não deixar que a ansiedade e o desespero a impeçam de cantar. De alguma forma, ela se acostuma a ter a *Triple* A perseguindo-a. Ela é capaz de lidar com isso porque continua feliz em sua vida pessoal. Pocho a ajuda a manter-se firme.

A suspeita de Mercedes sobre seu nome estar na lista de arqui-inimigos do estado é comprovada logo após sua morte. Em 2013, o ministro da defesa divulga registros secretos do plano de governo da junta militar até o ano 2000, encontrados no porão do quartel-general da Força Aérea Argentina. Os documentos estão assinados pelos secretários gerais. Entre os arquivos está uma lista negra com nomes de 331 intelectuais, jornalistas, artistas e músicos considerados as pessoas mais perigosas ao regime por seu histórico de ideologia marxista. Os documentos têm valor legal para os processos ainda em curso na Argentina.[18]

CAOS E instabilidade política abrem caminho para outro golpe e os militares se aproveitam da apreensão das pessoas em relação ao comunismo, considerado o "inimigo interno" e uma ameaça à Argentina conservadora e aos ideais ocidentais. A missão dos militares torna-se mais do que apenas proteger as fronteiras do país; eles agora também são responsáveis por proteger a pureza ideológica da nação.

Uma junta militar liderada pelo almirante Emilio Massera, o general Orland Ramón Agosti e o ex-comandante militar do

Exército argentino, Jorge Rafael Videla, derrubam Isabel Perón do poder em 24 de março de 1976. Dois dias depois, Videla se autointitula presidente. Este não é só mais um golpe – a Argentina está prestes a enfrentar o período mais sangrento e vergonhoso da sua história. Videla planeja eliminar todos que se opuserem ao regime. Enquanto ainda era comandante militar no Exército, ele deu uma entrevista para um jornalista em uma conferência no Uruguai onde disse que para garantir a segurança nacional, morreriam todos que fossem necessários. O repórter pediu que ele esclarecesse a quem estava se referindo e Videla respondeu sem hesitação, "A todos que se opõem ao modo de vida argentino".[17]

A maior parte da mídia conservadora passa uma imagem positiva dos generais. Eles são mencionados como pombas da paz que, fazendo um autossacrifício, assumiram o fardo de salvar a Argentina e evitar um banho de sangue. Mas logo após a posse, a junta substitui a constituição existente pelo que chamam de *El Proceso* (Processo de Reorganização Nacional). Como num passe de mágica, eles dão a si próprios autoridade para exercer todos os poderes judiciais, legislativos e executivos. Os generais se designam protetores dos costumes, das famílias e dos bens da nação. Qualquer crítica ao novo governo é vista como oposição a ser erradicada para o bem da pátria. Sindicatos, partidos políticos e universidades estão sujeitos ao controle das forças armadas. Tanto a polícia quanto o Exército ganham mais autoridade. O comunismo deve ser parado a qualquer custo. Em todo o país, 340 campos de detenção secretos são financiados pelo Estado. São estabelecidas unidades militares especiais para sequestros, interrogatórios, tortura e assassinatos. Ninguém se sente seguro. Pessoas são raptadas de suas casas no meio da noite por homens à paisana fortemente armados. Eles perseguem mulheres grávidas, crianças, bebês, estudantes, jornalistas, professores, artistas, freiras, padres, advogados – qualquer um que mostre qualquer sinal de simpatia pelo inimigo. Como disse em 1977 o governador de Buenos Aires, general Ibérico Saint-Jean, "Primeiro mataremos todos os subversivos. Então mataremos seus colaboradores, em seguida os simpatizantes, depois aqueles que são indiferentes e por fim mataremos os tímidos".[17]

Esquadrões armados invadem as casas das pessoas e ameaçam famílias inteiras. Vendam seus olhos, algemam-nas e levam-nas para os campos de detenção, onde são sistematicamente expostas a torturas físicas e psicológicas. Pais são forçados a testemunhar a tortura dos filhos. Casais são obrigados a presenciar um ao outro sendo violados. Muitas vezes isso acontece na presença de um médico, responsável por manter as vítimas vivas pelo maior tempo possível. Quando a vítima morre, eles se livram do corpo para eliminar as evidências dos crimes.

Muitas famílias não denunciam um parente desaparecido por medo de causar a ele ainda mais sofrimento. Quando não há um corpo e um membro da família denuncia alguém desaparecido, corre o risco de ser acusado pelo crime. No Rio da Prata, corpos não identificados começam a aparecer na costa. Descobre-se que algumas das vítimas de tortura são dopadas, levadas a um aeroporto, colocadas dentro de um avião e jogadas ao mar – vivas.

Referindo-se aos assassinatos como "desaparecimentos", os generais tentam refutar qualquer acusação de envolvimento. "Os desaparecidos são somente isso, desaparecidos. Não estão nem mortos nem vivos, estão desaparecidos", diz Videla.

Muitos desaparecidos são crianças raptadas de seus pais, inclusive bebês que nasceram em cativeiro nos campos de detenção (as mães são geralmente assassinadas logo após o parto). O regime entrega essas crianças aos oficiais de alta patente do Exército para adoção ou, em algumas ocasiões, para casais inocentes que não sabem a origem da criança. Os generais acreditam que é melhor para elas crescerem em uma família "digna" ao invés de serem criadas por rebeldes. "Pais rebeldes ensinam os filhos a se rebelarem. Isso tem que ser parado",[17] diz em 1984 o chefe da polícia de Buenos Aires, general Ramòn Juan Camps, na tentativa de justificar suas ações. O resultado dessa política é que muitas crianças crescem com um histórico e uma identidade falsos, sendo privadas dos direitos reconhecidos internacionalmente como direitos humanos universais.

Os parentes dos desaparecidos começam a se organizar na busca pelos entes queridos. Azuenca Villaflor, uma mulher em seus cinquenta anos que perdeu o filho e a cunhada, começa a se encontrar com outras mães em sua casa para transformarem o desespero em ação e descobrirem o paradeiro de seus filhos e netos. Em abril de 1977, quatorze mãe e avós se juntam, visando expor ao mundo os crimes do regime. Elas começam a se encontrar todas as quintas-feiras às três e meia da tarde na *Plaza de Mayo*, em frente à sede do Governo, *La Casa Rosada* (A Casa Rosada), no coração de Buenos Aires. Reuniões em lugares públicos estão proibidas, então elas simplesmente andam em silêncio, vestindo lenços brancos que simbolizam fraldas e carregando fotos dos parentes desaparecidos. Em outubro de 1977 é criada a

Associação das Avós da Praça de Maio. Sua missão é encontrar e reunir aproximadamente 500 crianças desaparecidas e suas famílias. Elas recebem ameaças de morte e sofrem insultos e ataques do Exército, mas ninguém morre.

Para ficarem fora do radar, elas encontram-se em lugares públicos, fingindo que estão esperando o ônibus ou comemorando um aniversário enquanto estão na verdade fazendo listas com nomes e fotos dos desaparecidos, que depois são enviadas para organizações dentro e fora da Argentina. Também são reunidas provas de que as crianças ainda estão vivas. Elas escrevem cartas à suprema corte mas são sempre rejeitadas. A maioria dos juízes se recusa a aceitar casos de pessoas desaparecidas por medo de incomodar o regime e colocar a si mesmos e suas famílias em perigo. Os juízes que se atrevem a fazê-lo, recebem ameaças de morte.

No Dia das Crianças, em 5 de agosto de 1978, um dos maiores jornais de Buenos Aires assume o risco e publica uma carta ao editor enviada pelas avós, fazendo um apelo àqueles que adotaram as crianças para que as devolvam. A carta causa comoção dentro e fora da Argentina. Como consequência, elas recebem uma dica anônima sobre uma criança desaparecida. Para investigar, elas começam a trabalhar como detetives. Às vezes vão ao cabeleireiro na área onde a criança foi vista, por exemplo, ou se candidatam para trabalhar como empregadas domésticas para que possam se aproximar de determinada família. Em março de 1980, elas conseguem pela primeira vez identificar duas irmãs encontradas com uma família no Chile. A família não tinha conhecimento da história por trás da adoção.

Tendo encontrado as duas irmãs, as avós enfrentam outro desafio – elas não conseguem provar ao juiz que estas crianças são realmente parentes desaparecidos. Fotos e mechas de cabelo não são o suficiente porque as cortes argentinas não estão dispostas a fazer testes genéticos. Isso as força a procurar ajuda de cientistas internacionais, que fornecem as provas necessárias.

A maioria das avós é católica e conta com o apoio da Igreja, mas os bispos deixam-nas desamparadas pois tendem a defender o sistema político. Mesmo o papa, Paulo VI, nunca respondeu à carta que lhe escreveram em 1978. Elas então mudam a estratégia e decidem ganhar mais atenção internacional, escrevendo 150 cartas para embaixadas, jornais, organizações e políticos. Em público, elas eram chamadas de *Las locas de Plaza de Mayo* (As loucas da Praça de Maio), mas à medida que ganham mais atenção internacional, se tornam uma pedra no sapato do regime, especialmente quando são nomeadas para o Prêmio Nobel da Paz, em 1980.[17]

NO INÍCIO de 1978, Mercedes recebe notícias devastadoras sobre seu grande amigo Jorge Cafrune, que a apresentou ao festival em Cosquim em 1965. Ele voltou para a Argentina depois de passar alguns anos na Espanha e está fazendo shows por todo o país. O governo o proibiu de cantar a controversa música “Zamba de mi Esperanza” (Zamba da minha Esperança) e ele a remove de seu repertório, mas também dá esta declaração fatal: “Se o meu povo me pedir para cantá-la, eu vou cantar”. Como consequência, o tenente-coronel Carlos Enrique Villanueva ordena sua execução e em 31 de janeiro ele é atropelado por uma caminhonete ocupada por dois garotos de dezenove anos. Ele morre doze horas depois devido aos ferimentos.

Duas semanas mais tarde, Mercedes enfrentará uma notícia ainda mais traumática, que afetará sua vida permanentemente. A melhor coisa que lhe aconteceu foi o seu relacionamento com Pocho. Até agora, eles estiveram juntos por dez anos. Foram dez anos intensos em que trabalharam juntos e viajaram para muitos lugares diferentes. Mercedes nunca havia tido tanto amor em sua vida. Com ele ao seu lado, ela se sente estável, forte e resiliente em meio à toda a turbulência política.

Mas a letra profética da canção no dia de sua apresentação em Cosquim, "A noite vem a mim no meio da tarde", está prestes a ser cumprida.

UM DIA, Pocho chega mais cedo do trabalho e vai direto para a cama porque sente uma terrível dor de cabeça. Analgésicos não aliviam a dor. A situação só piora e logo ele é hospitalizado. Os exames revelam que ele tem um tumor cerebral. Não há nada que os cirurgiões possam fazer, é tarde demais. Tudo acontece muito rápido. Ele morre em 22 de fevereiro de 1978, depois de apenas uma semana no hospital.

Mercedes ainda não tinha sido capaz de processar a notícia sobre a gravidade do tumor, e entra em estado de choque.

Pocho era tudo para ela. Por que ele? Por que tão de repente? Eles mal tiveram tempo de se despedir. Mercedes tem apenas quarenta e três anos e já é viúva. Perdeu seu melhor amigo, seu marido e seu empresário. Se não fosse pelo filho, Fabián, ela desejaria morrer também. Mas Fabián agora é um adulto e a apoia muito durante este período crítico. Ele garante que ela ainda tenha muito trabalho, esperando que mantê-la ocupada tire dela o foco da perda, e que assim ela possa encontrar um caminho para superar sua tristeza.

Pouco depois da morte de Pocho, Mercedes é convidada para fazer um show beneficente para estudantes de veterinária em La Plata, cidade turística no sul de Buenos Aires. Mercedes ama os estudantes e o modo como desafiam o sistema. Ela os vê como o futuro e a esperança da Argentina, e fica feliz em apoiá-los.

A universidade em La Plata é o centro esquerdista no país e está sob a constante vigilância do regime, algo com o qual Mercedes não está preocupada ao ser aplaudida enquanto sobe ao palco. Ela veste um lindo poncho branco e azul-celeste, as cores da bandeira da Argentina. Ao longo da apresentação ela se deixa levar pela atmosfera do lugar. Os estudantes na plateia pedem a ela para cantar "Cuando tenga la tierra" (Quando eu tiver a terra), que fala sobre uma nova reforma agrária favorecendo os camponeses que precisam pagar aluguel aos grandes latifundiários para usar a terra que cultivam. A música foi proibida, mas Mercedes decide se render ao público. Assim que começa, forças policiais e militares fortemente armadas entram abruptamente. Atiradores apontam as armas para o palco e para o público. Um jovem policial pula no palco e começa a revistar Mercedes, humilhando-a. Ele toca em seus seios, a algema e a leva presa na frente do público. Quando acaba, ele pega sua mão e beija-a enquanto sussurra, "Me perdoe Dona Mercedes, mas eu fui obrigado a fazer isso".[11]

Fabián salta para o palco para ajudar a mãe, mas não há nada que ele possa fazer; ele também é detido. Antes que Mercedes possa entender o que está acontecendo, ela e sua banda são detidos junto com todo o público, 350 estudantes. Sobre a experiência que mudará completamente sua vida e carreira, ela diria mais tarde:

"Me lembro de quando eles me prenderam na frente do meu público. Eu estava cantando na universidade, para alunos que estudavam para serem veterinários. Eles estavam no último ano. Não tinha nada a ver com política. Eu não estava com medo, não se pode cantar quando se tem muito medo. Mas me senti humilhada e impotente. Não é possível cantar com uma arma na mão, e eu não quero matar ninguém. Eu preferia ser morta a ter que matar alguém. Eu vejo que provavelmente fui um pouco ingênua naquele momento. Não finjo que fui santa na minha atitude, agendar aqueles shows era um jeito de lutar contra as jogadas da ditadura. Não sei por que achei que poderia ganhar uma batalha como aquela em um país onde tantas pessoas foram assassinadas, mas eu tentei. Se Pocho estivesse vivo, nunca teria me deixado fazer aquele show."[11]

Mercedes é acusada preliminarmente de desobediência civil. Ela é detida enquanto os militares humilham-na fazendo perguntas intimidantes, ameaçando-a e forçando-a a ouvir as próprias canções. Ela passa dezoito horas na prisão e é liberada graças à pressão internacional e uma fiança de mil dólares. Quando sai da cadeia, ela continua dando shows com ingressos que esgotam-se rapidamente, mesmo com as pessoas se colocando em risco ao comparecerem. Suas apresentações recebem ameaças anônimas de bombas e têm que ser canceladas, mas ela ainda está relutante com a ideia de deixar seu país. "Eu não posso viver em nenhum outro lugar do mundo além deste. Quem não gostar das minhas canções, pode ir embora", ela diz.[4] Mas o governador de Buenos Aires acaba por proibi-la de realizar futuras apresentações, e Mercedes percebe que não há como continuar sua carreira na Argentina. Se quer sobreviver e continuar cantando, ela precisa abandonar o país. Ela decide então escrever uma carta ao grande amigo José, em Paris, que a implorou para vir.

> Querido José,
>
> *Foi com grande emoção que recebi sua carta em 30 de outubro de 1978. O que me aconteceu foi simplesmente horrível, uma humilhação. Depois de 18 horas fui liberada com meu filho, Fabián. Vou para Paris em fevereiro. Eu preciso respirar e me livrar destes ressentimentos pois eles me farão muito mal. Ficarei o máximo possível. Eles estão me cercando aqui. Eu acabei de voltar do teatro. Algumas pessoas disseram palavras de apoio e outras se perguntavam, "Essa tola, por que ela insiste em ficar?". Como se fosse fácil abandonar o próprio povo. É do afeto deles que vou sentir mais falta.*[4]
>
> *Com carinho, Mercedes.*

Em tese, Mercedes ainda pode entrar e sair da Argentina livremente, uma vez que não foi indiciada em nenhuma acusação, mas ela continua não tendo permissão para cantar, o que é para ela uma punição ainda maior. Perseguida e incapaz de ganhar a vida, ela vê o exílio autoimposto como única solução, e decide partir para a França. Este parece ser o único caminho possível para que ela saia da escuridão que a vem atormentando. Desde a morte de Pocho ela tem tido pensamentos suicidas. O exílio não é só uma fuga da perseguição política; é também uma tentativa de escapar de seus próprios demônios. Talvez ela consiga encontrar um pouco de paz longe do sofrimento que a destrói quando não está cantando.

Mercedes tocando o tradicional tambor argentino, la bombo.

Exílio

Em 2 DE FEVEREIRO de 1979, Mercedes viaja para a Europa levando apenas umas poucas malas com pertences pessoais. Fabián a acompanha para ajudá-la a se instalar. Eles vão primeiro para Paris, onde encontram com o empresário francês de Mercedes, Pierre Fatón, mas ela logo descobre como é difícil se virar sem falar francês. Isso a deixa desamparada e ela conclui que será mais fácil se estabelecer na Espanha, onde já aceitou diversos convites para se apresentar. Assim, ela decide se mudar para Madri, onde compra uma casa de cinco quartos com o dinheiro que ganhou em uma maratona de oitenta shows no Brasil. Ela espera que ter o seu próprio lugar a fará se sentir mais confortável e em casa, mas quando Fabián volta para a Argentina e Mercedes fica por sua conta, ela percebe o quão difícil é estar sozinha em um continente estrangeiro sem poder recorrer ao apoio da família. As pessoas mais importantes da sua vida sempre foram a sua família. Sem eles, ela sente uma solidão que nunca havia sentido antes. "O exílio é um castigo, o pior tipo de castigo. Meu filho me ajudou a vir da França para Madri e me ajudou a comprar a casa. O dia que ele voltou para a Argentina eu fiquei por minha conta, completamente sozinha. O pior tipo de solidão que você possa imaginar. Eu experimentei a solidão bem de perto",[2] ela diz. Mais tarde ela complementa, "O exílio traz um medo de tudo. É uma angústia permanente. Os gregos costumavam dizer que a maior punição para um ser humano é o exílio. É preciso aprender novos costumes, comer novas comidas, esperar por cartas que não chegam e controlar-se para não enlouquecer".[19]

Em Madri ela está cercada de pessoas a maior parte do tempo. Mesmo assim, ainda sente que uma parte sua foi amputada, especialmente quando volta à noite e encontra vazia sua enorme casa. Ela então pega a garrafa de *whisky* na prateleira da sala e começa a beber. Depois de mais ou menos sete copos, se sente melhor, mas o alívio dura pouco.

Ela mantém o hábito por alguns meses até admitir os efeitos nocivos para si mesma e decidir parar. Mercedes consegue se disciplinar e nunca mais toca em uma garrafa de *whisky*. Pelo resto da vida, ela pede apenas uma taça de vinho quando janta fora.

Ela também experimenta fumar haxixe. A primeira vez acontece por acidente, porque de início não sabia o que a tinham oferecido. Ela gosta e experimenta uma segunda vez, mas novamente para antes que vire um vício.[2] "O vício é pior do que a prisão", ela diz mais tarde. "Eu fico triste quando vejo pessoas arruinadas pelas drogas." Deve haver uma maneira melhor de lidar com a solidão sem recorrer ao álcool e às drogas, ela confidencia ao seu grande amigo Dr. Juan-David Nasio, que é psiquiatra na França. Ele explica a ela que a solidão geralmente aumenta com a popularidade porque uma celebridade que é amada por muitos não pode dividir seus conflitos pessoais com o público.[4] Mercedes anseia pela conexão com as pessoas. Ela nunca finge ser alguém que não é, mas reconhece que a solidão será provavelmente sua companheira de vida. Ela precisa encontrar um jeito de lidar com isso, precisa aprender a conviver com ela, ainda que isso não aconteça da noite para o dia. Mas uma outra coisa acontece.

CERTA MANHÃ ela acorda e descobre que está quase sem voz – mal consegue sussurrar. Ela não está resfriada e se preocupa que seja algo sério. Imediatamente corre para ver um especialista, que a examina minuciosamente. É um fenômeno raro e ele não consegue detectar a origem, mas sugere que o estresse ao qual ela tem sido exposta tenha aumentado seu ácido gástrico.[20] Ele a aconselha a tomar antiácidos para evitar que o ácido gástrico afete as cordas vocais. Ele também diz-lhe para proteger a voz e não forçá-la. Tudo que ela pode fazer é aguardar e esperar que se recupere. Ela cancela os próximos compromissos, o que lhe dá muito tempo para refletir. Se não é um problema físico, então o que é? Seria uma condição somática? Estariam as cordas vocais reagindo à dor de ter o poder da voz retirado de si na Argentina?

Agora que foi forçada a desacelerar um pouco, ela presta mais atenção em sua voz interior. Ela entende que ficou doente porque tem evitado lidar com suas memórias dolorosas. A negação tem sido um mecanismo de defesa que a protege de enfrentar a dor.

"Foi um problema psicológico, um problema de moral. Não foi a minha garganta nem nada físico. Quando se está no exílio, você leva a sua mala, mas há coisas que não cabem nela. Há coisas em sua mente, como cores e cheiros e comportamentos de infância, e há também a dor e a morte que você presenciou. Não se deve negar essas coisas porque fazer isso pode deixá-lo doente."[11]

Em uma entrevista para a gravação de *Cantora*, em 2009, ela contou que seu médico explicou anos depois que ela tinha sofrido de depressão mascarada,[3] uma condição onde os sintomas físicos da depressão estão presentes, mas os psicológicos não.

DURANTE O exílio, ela também é obrigada a lidar com seu medo de palco. Embora já não fique parada como um poste na frente do público, como fazia no começo da carreira, ela prefere cantar de olhos fechados. É a sua forma de lidar com a situação. "Minha timidez é tão grande que literalmente tenho dores de estômago por ter que subir ao palco e fingir que tenho confiança, o que não tenho",[4] ela revela.

Muitas vezes, ela se apresenta para públicos que não falam espanhol. Para ganhar sua atenção e manter contato, ela precisa olhar para eles, o que a força a mudar seu estilo de apresentação. Ao invés de deixar que o medo limite sua carreira, ela sai da zona de conforto e treina olhar diretamente para a plateia, apesar do que a insegurança sussurra em seu ouvido. Interagir com o público ao invés de excluí-lo faz dela uma artista muito mais poderosa.

O tempo na Europa lhe dá a oportunidade de ampliar seus horizontes musicais e expandir sua carreira. Em 1988 ela conta em uma entrevista com Larry Rohter, no *The New York Times*, como o exílio se tornou um marco em sua carreira. "Me distanciar da minha terra natal e ser arrancada das minhas raízes fez com que meu repertório se tornasse forçosamente mais internacional. Antes, eu estava sempre amarrada aos nossos ritmos e nossas canções. Eu não seria capaz de fazer as coisas que estou fazendo agora, gravando com bandas de jazz e orquestras, se não tivesse trilhado um caminho fora da Argentina. Por mais amarga que tenha sido minha experiência no exílio, ela me fez crescer e amadurecer como artista porque abriu novos horizontes."[11]

Convites chegam de toda a Europa e o público fica fascinado com a pequena mulher de voz marcante e personalidade encantadora. Ela costuma se apresentar vestindo seu poncho preto e vermelho, que ressalta a identificação com suas raízes indígenas. Traz consigo o tradicional tambor argentino, *la bombo*, feito de madeira e pele de carneiro, o qual ela toca energeticamente. Ela gosta de usar o *bombo* porque tem o som de crescentes batidas do coração, o que é importante para sua música.

"Gracias a la vida" e "Solo le pido a Dios" são parte permanente de seu repertório durante o exílio, e ela recebe as mais altas ovações onde quer que as cante. A última é um hino mundial pela paz, escrito em 1978 pelo aclamado compositor León Gieco. Mercedes quer que León veja o impacto que sua canção tem nas pessoas e decide telefoná-lo. León se lembra dela dizendo, "Oi querido. Estou em Frankfurt. Pegue um avião amanhã e venha".[3]

León consegue aparecer em seu próximo show. Mercedes o arrasta para cima do palco, onde ele toca violão e gaita, cantando junto com ela. O público explode em aplausos. Por um breve momento, na companhia de León, Mercedes não se sente sozinha.

Em 1979, sua carreira atinge um outro patamar. Ela participa do primeiro show da Anistia Internacional, em Londres, e recebe um convite para apresentar-se no Royal Festival Hall. Vinte anos mais tarde ela estaria neste mesmo palco enquanto o ditador chileno, General Augusto Pinochet, sob prisão domiciliar em Londres, era sentenciado por seus crimes contra o povo chileno. Aquele foi um dos momentos mais emocionantes da vida de Mercedes, quando naquele palco, em outubro de 1999, ela grita à plateia com uma voz trêmula, "Eu não posso acreditar que estou em Londres, cantando estas músicas com Pinochet em prisão domiciliar".[21] Ela então prossegue e canta a versão mais comovente que já houve de "Todo cambia" (Tudo muda).

Durante os três anos que passou no exílio, Mercedes se torna uma das cantoras internacionais mais estimadas do mundo, já que viaja frequentemente para fora da Europa. Ela recebe convites de Israel, Canadá, Colômbia e Brasil. Tanto a Colômbia quanto o Brasil oferecem a ela cidadania permanente, mas seu amor pela Argentina a impede de aceitar. Sempre que está em um aeroporto e vê um avião da Aerolíneas, a companhia aérea argentina, ela precisa desviar o olhar para conter as lágrimas.[7] Lembrar de casa "a faz sangrar um vulcão", como diz a metáfora na canção "País".

O amor pelo seu país de origem aumenta substancialmente durante a separação. Como Mercedes diria sobre a música "Serenata para la tierra de uno" (Serenata para a terra de alguém), "Eu me emocionei profundamente com a canção 'Serenata para la tierra de uno' porque ela expressa em palavras a dor de estar longe de casa. Eu tive que deixar o meu país. Mas quanto mais longe de casa se está, mais perto ela fica do seu coração".[22]

Ela constantemente usa sua nova plataforma europeia, os shows e todas as respectivas entrevistas, para chamar atenção para as violações dos direitos humanos em várias partes da América Latina. Sua luta contra a tirania e a opressão não acabou.

Depois de três anos no exílio, ela se sente desesperada e não aguenta mais esperar para voltar. Assim, ela decide retornar para a Argentina, mesmo que o regime ainda esteja no poder e que ela não tenha nenhuma garantia de que vão deixá-la entrar. Seu coração bate acelerado e seus olhos sofrem ao conter as lágrimas quando embarca no avião com destino à Buenos Aires, em fevereiro de 1982. Mas ela continua esperançosa e está ansiosa por ver a família e os amigos. Quando o avião decola, lágrimas silenciosas libertam anos de saudade reprimida.

Mercedes mal consegue dormir durante a longa viagem. Impressões sobre os últimos três anos surgem sem parar enquanto pensamentos fervilham em sua cabeça. Ela se lembra de todos os diferentes aeroportos em que já esteve. Pensa nas novas amizades que fez e sobre como todas as mudanças inesperadas em sua vida fizeram-na evoluir, exigindo que ela se desenvolvesse não só como artista, mas também como pessoa. Relutantemente ela admite que o exílio, por mais difícil que tenha sido, foi na verdade um presente disfarçado. Esse pensamento a acalma por algum tempo, mas quando o avião se prepara para pousar, ela começa a recear o que vai acontecer quando sair. Para onde vai se não a deixarem entrar no país? E seus conterrâneos, ainda se lembrarão dela?

Sua música continuou proibida durante o período em que esteve longe.

Ela se sente em casa assim que pisa fora do avião, e sente a brisa quente do verão tocando sua pele. Ela caminha lentamente até o controle de passaporte. O policial na cabine a reconhece imediatamente e se demora observando seu passaporte e todos os carimbos europeus contidos nele. Ele fita-a com um ar arrogante e diz que ela não tem permissão para entrar no país. Estando tão perto de casa, Mercedes decide se impor. Ela junta toda a dignidade e autoridade que consegue e responde, "Eu sou uma cidadã deste país e tenho o direito de entrar".[3] O oficial, parecendo despreparado para a confiança com a qual ela fala, simplesmente carimba o passaporte e a deixa passar. Mercedes sabe que não vai demorar até que a notícia sobre a sua volta chegue ao regime e que eles a coloquem novamente sob vigilância, mas tudo o que consegue pensar agora é em chegar ao desembarque. Ela só quer ver sua família outra vez.

Ao dirigir-se para fora do aeroporto, Mercedes está prestes a vivenciar uma grande surpresa. Pessoas se juntaram por todo o caminho, exibindo faixas que diziam: "Bem-vinda de volta `a sua terra, amada Negra".[23] O carro avança devagar pelas ruas, seguido por uma procissão de homens a cavalo vestindo os típicos trajes gaúchos dos *cowboys* argentinos. Quando a comitiva chega ao centro de Buenos Aires, as pessoas se aglomeram em volta do carro, que mal consegue se mover. Mercedes sorri e acena para eles através da janela fechada, enquanto fotógrafos com suas enormes lentes imortalizam o momento. A inquietude sobre se alguém ainda se lembraria dela acabou. Seu povo a recebeu como uma heroína nacional.

Mercedes sabe que com tamanha acolhida vem também uma enorme responsabilidade. Ela não pode desapontar a sua gente, eles ainda precisam dela. Os militares ainda estão no poder e a Guerra Suja não acabou. O apoio aos generais pode estar enfraquecendo, mas eles ainda estão no controle. A voz de Mercedes, emergindo do silêncio, deve ser mais forte do que nunca.

"Me expulsar foi um grande erro porque eles soltaram no mundo uma artista famosa, e na Europa a imprensa já estava contra eles. Também foi um erro me deixarem voltar enquanto ainda estavam no poder. Eles eram assim, arrogantes. Voltar foi uma forma de me tornar forte e segura outra vez."[4]

Tendo virado um símbolo da democracia na mente das pessoas, suas músicas serão mais persuasivas e poderosas do que nunca. Ela está determinada a, mais uma vez, usar sua música em nome daqueles que sofrem com a pobreza e a injustiça. Mercedes quer ganhar seu título de A Voz dos Sem Voz. Ela nunca mais será silenciada pelo medo:

"Se o cantor é silenciado, a vida acaba
Pois a vida em si é uma canção
Se o cantor é silenciado pelo medo
Toda a esperança, a luz e a alegria morrem"
"Si se calla el cantor", de Horacio Guarany

Tempo depois do exílio

Logo após seu regresso, Mercedes planeja fazer treze shows em sete dias na casa de espetáculos Teatro Ópera, em Buenos Aires. Ela acredita que sua fama internacional impedirá os militares de a prejudicarem, já que eles querem evitar chamar atenção do estrangeiro. Ainda assim há riscos, se não para ela, para os fãs que comparecerem ao concerto com ingressos já esgotados. A polícia estará presente, Mercedes sabe. Como admitiu mais tarde, "Foi em 1982, logo depois da Guerra das Malvinas. Foi um pouco insano, mas eu planejei treze shows em sete dias. Naquela época os militares ainda estavam no poder, e todo mundo sabia o que podia acontecer".[2]

Em 17 de fevereiro, um dia antes de voltar aos palcos argentinos pela primeira vez em três anos, Mercedes tem um conflito interno. Algo que há tempos tinha deixado em segundo plano reaparece sempre que se olha no espelho. A pessoa que a olha de volta é uma estranha, alguém que é difícil para ela aceitar. O que aconteceu com a jovem mulher, magra e atlética que ela um dia fora? Mercedes tem escondido seu peso dela mesma e dos outros usando os ponchos, mas isso não será mais suficiente, e ela está apreensiva com a reação do público. Ela sabe o que atrai as pessoas: você deve ser loira, alta, ter olhos azuis e definitivamente não ter traços indígenas. Mercedes é o extremo oposto. Ela é pequena, morena, está acima do peso "ideal" e tem fortes características indígenas.

Sua habitual autoconfiança é substituída por um sentimento temporário de inferioridade, e ela se sente insegura com o modo como a audiência vai reagir. Ela admite a si mesma que é um grande paradoxo por um lado estar pronta para colocar a vida em risco lutando contra o regime e por outro preocupar-se com o que as pessoas pensarão de sua aparência. Isso recorda-a que, apesar de ser admirada e um modelo para muitos, ela é tão humana quanto qualquer outra pessoa, e não deve exigir que seja infalível. "Eu sou um monte de coisas sagradas misturadas com coisas humanas. Como posso explicar – Coisas mundanas."

A questão do peso a acompanha pelo resto da vida, mas a ansiedade sobre a reação do público se extingue rapidamente. Momentos antes de entrar no auditório, em 18 de fevereiro de 1982, o clima é de muita empolgação. As pessoas vibram, gritam e aplaudem antes mesmo de ela chegar ao microfone. Serenamente, ela se posiciona em frente à multidão, fecha os olhos, respira profundamente e absorve o momento. Por quase um minuto permanece em um silêncio reflexivo, quebrado pelas primeiras notas da simbólica canção "Como la cigarra" (Como a cigarra). Em alto e bom som, ela anuncia que está de volta; ainda de pé e ainda cantando.

A plateia está extasiada. Após as primeiras extraordinárias estrofes, fica claro que estão diante de um gênio da música. Com uma suave voz de contralto – sonora, envolvente, carregada de emoções e apaixonada – ela lança um feitiço sobre seu público. Ela agora é sem dúvidas uma artista mais vigorosa do que costumava ser. Se a reação do público demonstra o desejo de mudança do povo, os generais têm todas as razões para estremecer. Mercedes parece capaz de começar uma revolução usando somente a sua voz. Ela planta sementes de liberdade e justiça na mente de seus espectadores, não só com suas músicas, mas também por seu exemplo de coragem. Todas as dores e medos sufocados por viver sob a repressão encontram voz quando ela canta. Como ela disse, "Em minha voz não canta nem você nem eu, mas a América Latina".[24]

Em um dos treze shows, Mercedes decide cantar "La carta", de Violeta Parra, uma canção proibida que descreve as condições das pessoas no Chile. Assim que começa, vários policiais se levantam e a ordenam que pare, em meio aos gritos dos presentes na plateia. A polícia alerta que mandará todos de volta para casa se ela cantar aquela música novamente. Em seguida, Fabián e os organizadores do show aproximam-se dela, com os rostos pálidos de preocupação, e imploram para que ela retire a música do repertório.[2]

Os melhores momentos dos treze shows são gravados e publicados sob o título *Live in Argentina*, e centenas de milhares de cópias são vendidas. Uma crítica no *Esquire* descreve o álbum da seguinte maneira:

"Sua voz é um golpe quase mortal. É suave, profunda e envolvente. E emociona, como emocionou aos milhares de admiradores compatriotas que puderam ser ouvidos explodindo em aplausos."

Quando termina, Mercedes é forçada pelos generais a retornar para a Espanha, onde ainda tem sua casa, mas até o meio do ano ela volta de forma definitiva para a América Latina e apresenta seu novo álbum, *Gente humilde*.

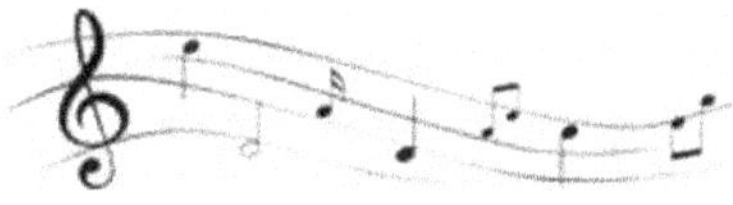

DURANTE OS primeiros cinco anos de ditadura, a classe operária esteve adormecida, mas o retorno de Mercedes para a Argentina aumenta sua esperança de que a democracia ainda seja possível. Em abril de 1982, dois meses após sua turnê, o país passa por uma devastadora crise econômica que desperta a resistência civil contra os militares. Os generais decidem demonstrar seu poder reivindicando soberania sobre as Ilhas Malvinas, governadas pela Grã-Bretanha há cento e cinquenta anos. Invadindo as ilhas, eles esperam desviar o foco da crise econômica, e pretendem recuperar o apoio do povo ao vencer a disputa. As primeiras tropas argentinas chegam nas Malvinas em 2 de abril de 1982, após o fracasso nas negociações entre Grã-Bretanha e Argentina sobre o domínio das ilhas. Acaba por ser uma decisão fatal. Margaret Thatcher também precisa ganhar uma guerra e revida de uma forma que os generais não esperavam. Além disso, eles não recebem o apoio de Ronald Reagan que tinham previsto. Pelo contrário, Reagan impõe sanções econômicas à Argentina e equipa os britânicos com toda a tecnologia que precisam para traçar os movimentos das tropas argentinas.[24] Em 14 de julho, os argentinos se rendem, e no dia seguinte a guerra está oficialmente terminada.

A derrota inesperada na guerra é o último suspiro do regime. A essa altura, a verdade sobre seu envolvimento nos sequestros e desaparecimentos já foi revelada. Muitas pessoas tomaram coragem para expor suas trágicas histórias, gerando ondas de protestos da população civil contra o governo. Em outubro de 1982, grupos de direitos humanos organizam uma marcha nacional pela vida. Mais de dez mil pessoas aparecem, apesar da proibição do governo. Em abril de 1983, prevendo sua derrocada, a junta publica um documento no qual defende seus atos na guerra contra rebeldes e terroristas. É um documento que distorce sete anos de história e provoca revolta nacional e internacional. Em julho de 1983 ocorre outra manifestação, desta vez com mais de cinquenta mil pessoas presentes.

O REGIME MILITAR argentino será em breve transferido para a lata do lixo da história. Cinquenta mil pessoas estão reunidas no estádio Ferro Carril del Oeste, em Buenos Aires, para celebrar a chegada da democracia. Mercedes está animada. Triunfantemente ela conquista o palco com uma presença imponente que cativa a plateia. É uma noite quente de verão. Homens despem suas camisetas e usam-nas como faixas, rapazes dançam com crianças e namoradas em seus ombros. O público irradia euforia. Eles pulam e dançam e aplaudem com os braços jogados para o alto. Mercedes nunca havia se apresentado para uma audiência tão grande, e sente que este show entrará para a história. Antes de abrir a boca para cantar, ela permanece algum tempo parada, admirando carinhosamente seu público enquanto é aclamada por ele. Uma brisa morna e leve brinca com seus cabelos, e ela percebe que o pesadelo acabou. Ela então começa com "Guitarra enlunarada", e como num eco a multidão brada de volta gritando "Libertad, libertad, libertad!"[25] (Liberdade).

Logo após à primeira música ela apresenta sua banda de quatro integrantes, os mesmo músicos que a acompanhavam antes do exílio, e que se tornaram como uma família para ela: Nicolás Brizuela no violão, Gustavo Spatocco nos teclados,

Rubén Lobo na percussão e Carlos Genoni no baixo – todos agora são também artistas renomados.

Mercedes expandiu seu repertório para incluir alguns rocks, e uma das maiores surpresas que fez para seu público foi convidar Charly García, a maior estrela do rock de língua espanhola. Ele entra no palco por uma passagem lateral e passa pela banda ao caminhar em direção à Mercedes, que estende os braços para abraçá-lo. Depois de beijos e abraços, ele senta-se ao piano e começa a tocar a canção "Inconsciente colectivo" (Inconsciente coletivo). Charly é um gênio da música que começou a compor ao piano com apenas três anos de idade. Aos doze ele já era um professor de música formado. Durante a ditadura, ele ficou conhecido ao escapar da censura por um triz, escrevendo letras ambíguas e evitando assim que suas músicas fossem proibidas. Os versos de "Encuentro con el diablo" (Encontro com o diabo), por exemplo, refere-se ao ministro de segurança Albano Harguindeguy, que ordenou a todos os artistas contrários ao regime que deixassem o país ou abandonassem o criticismo sobre as condições políticas.

O show atinge seu ápice quando Mercedes começa a cantar "Todo cambia" (Tudo muda). Ela segura o microfone na direção do público, que canta junto a cada refrão, "Cambia todo cambia". Tudo muda, menos o amor pelo próprio país:

"*O que mudou ontem*
Terá que mudar amanhã
Assim como eu mudo
Nesta terra tão longínqua
Mas não muda meu amor
Por mais longe que eu me encontre

Nem a recordação nem a dor
De meu povo e de minha gente"
"Todo cambia", de Julio Numhauser Navarro

A emocionante canção tem seu apogeu quando Mercedes tira a comprida echarpe e começa a dançar, balançando-a sobre sua cabeça. Ela move-se pelo palco com agilidade e graça, e seu rosto irradia quando olha em direção ao público. É certamente uma pessoa muito mais descontraída desde que voltou do exílio. Ela está extraordinariamente expressiva e interpreta as canções com gestos vibrantes – até sua voz mudou, se tornando mais grave e intensa quando sussurra uma canção de amor e mais energética quando chama para a luta. Mercedes descreve sua mudança e o que a causou:

"Minhas músicas costumavam ser muito introvertidas. Agora a canção brota de mim. Quando um artista encontra resistência, seu poder aumenta, e o que o artista faz? Ele cresce. A música deve evoluir, e também deve o artista."[2]

Durante todo o show ela é como um vulcão, derramando sobre as pessoas um amor que é constantemente devolvido. Um homem na primeira fileira joga sua boina suada para o palco. Ela a agarra, segura em suas mãos e beija-a gentilmente antes de devolvê-la. Outra pessoa entrega a ela uma rosa vermelha de caule longo, que com um olhar de admiração ela recebe dizendo "Gracias". Toda essa comunicação entre Mercedes e o público acontece enquanto ela canta. Sua personalidade altruísta é notável, e é surpreendente a quantidade de abraços que ela dá enquanto está no palco. Quando há participação de outros artistas, ela levanta e estende os braços para recebê-los assim que os vê. Sendo mais baixa do que a maioria deles, ela costuma inclinar-se em direção ao colega ao lado, envolvendo carinhosamente o braço em suas costas quando cantam em dueto. Os músicos também ganham afagos na cabeça ou nos ombros quando ela se move por entre eles. Durante todo o show, fica nítido que ela "canta para as pessoas porque as ama", como sempre afirma.[25]

Simbolicamente, ela termina com a música que outrora a fez ir presa, "Cuando tenga la tierra" (Quando eu tiver a terra). Desta vez ninguém vai pará-la. Ela anda de um lado a outro de forma rápida e determinada, e com o braço esticado e o punho cerrado grita, "Campesino!" (Camponês). Alguém atira a bandeira da Argentina e Mercedes a apanha determinadamente, sacudindo-a sobre sua cabeça enquanto o público festeja.

O concerto marca a transição para a democracia. Nele foram gravados um disco e um filme, lançados no fim de 1983 sob o nome *Como un pájaro libre* (Como um pássaro livre).

As PRIMEIRAS eleições democráticas após a queda da junta militar são vencidas por Raúl Alfonsin, do Partido Radical, com cinquenta e um por cento dos votos. Alfonsin há muito tempo faz oposição a Juan Domingo Perón e à ditadura militar, e em sua campanha eleitoral prometeu não violar os direitos humanos. Também prometeu revogar a Lei de Pacificação Nacional, criada pela junta militar com o intuito de dar anistia aos membros do Exército pelos crimes cometidos. Mercedes não acha que a democracia esteja garantida, e está ávida para apoiá-la, por isso oferece a Raúl Alfonsin todo o seu suporte e apoia-o com sua presença em eventos públicos.

"Não me envolver no que está acontecendo seria uma traição a tudo o que acredito e represento. Temos uma democracia agora, ainda frágil e sofrida, mas que felizmente existe. E todos nós, quer sejamos artistas ou militares, devemos colaborar se quisermos mantê-la em pé e caminhando",[25] ela diz.

Em 10 de dezembro de 1983, Alfonsin toma posse como novo presidente, e a primeira coisa que faz é anular as leis de pacificação, tal como havia prometido. Ele instaura a Comissão Nacional sobre o Desaparecimento de Pessoas (CONADEP) para investigar todos os casos de argentinos desaparecidos e indiciar os culpados. Nove meses depois, a comissão publica um relatório de cinquenta mil páginas baseado nas declarações das testemunhas. O relatório, chamado *Nunca Más* (Nunca Mais), vende duzentos mil exemplares em poucas semanas. Estima-se que aproximadamente nove mil pessoas desapareceram, mas é mais provável que o número real seja algo em torno de trinta mil, já que muitos sequestros nunca chegaram a ser registrados.[17]

Alfonsin encaminha nove oficiais da mais alta hierarquia das três últimas juntas para um tribunal militar. É um grande erro. O julgamento transforma-se numa farsa, já que a corte militar não quer emitir a própria sentença. Como consequência, em abril de 1985 os acusados são apresentados em um tribunal civil e dessa vez são condenados por 711 crimes de assassinato, detenção ilegal, tortura, estupro e roubo. Cinco dos nove generais são sentenciados à prisão, com penas que variam de quatro anos e meio à prisão perpétua. O veredito leva a um aumento de tensão entre o governo e os militares, e membros do CONADEP são expostos a ameaças de bomba em suas casas e escritórios, feitas por simpatizantes da ditadura.[17]

Visando frear as ameaças dos militares, Alfonsim implementa uma lei em 24 de dezembro de 1986 chamada *Punto Final* (Ponto Final). A lei dá aos promotores sessenta dias para fazerem suas acusações, depois deste prazo, o caso é considerado encerrado e ninguém pode apresentar mais nenhuma queixa ao tribunal. Centenas de oficiais são levados a julgamento durante este período, e as ameaças dos militares contra o governo aumentam. As pessoas ocupam as ruas em manifestações a favor do governo democraticamente eleito. Mas alguns anos depois, Alfonsin é obrigado a deixar o cargo devido a problemas econômicos e hiperinflação. O caminho se abre para o peronista Carlos Menem, que ganha a eleição seguinte, em maio de 1989, com quarenta e sete por cento dos votos. Em sua campanha eleitoral ele promete melhorar as condições de vida da classe trabalhadora, mas durante o mandato faz o exato oposto, cortando o plano de ajuda aos pobres. Ele também concede anistia a muitos dos criminosos condenados que foram detidos na gestão de Raúl Alfonsin. Até mesmo Isabel Perón foi solta e absolvida. Ela esteve em prisão domiciliar por cinco anos pelos desaparecimentos forçados e crimes relacionados com a emissão do decreto de 6 de outubro de 1975, que ordenava as forças armadas a "aniquilar elementos subversivos" durante seu mandato presidencial.

O povo argentino se sente novamente abusado. Querem que a verdade sobre a ditadura seja revelada, mas em vez disso, agressões, ameaças e perseguições a jornalistas críticos se intensificam durante o mandato de Menem. Em 11 de novembro de 1993 desaparece o primeiro jornalista na nova democracia, Mario Bonino, enquanto distribuía panfletos informando ao público sobre os ataques aos jornalistas. Seu corpo é encontrado em um rio alguns dias depois, mas ninguém é apontado como responsável. Enquanto milhares de argentinos se juntam em protesto na Plaza de Mayo, Mercedes mostra seu apoio ao subir no palco para cantar "Honrar la vida" (Honrar a vida).

As AVÓS da Praça de Maio continuam a busca por seus netos desaparecidos após o fim da Guerra Suja. Quando o CONADEP, em 1983, ordena a escavação de centenas de valas comuns, elas reagem ao modo nada profissional como os cientistas argentinos desempenham a função. Os ossos são empilhados de forma aleatória ao lado das covas abertas, tornando impossível a realização de testes genéticos para identificação. Elas rapidamente marcam uma reunião com o CONADEP, onde apelam que eles colaborem com a delegação de cientistas forenses enviada pela Associação Americana para o Avanço da Ciência (AAAS) para auxiliar nas exumações.

Em 1986, elas se encontram com o presidente Alfonsin, que concorda em criar um banco de dados genético para ser usado pelos familiares de crianças desaparecidas até 2050. Paralelamente, ele implementa uma nova lei implicando que pais adotivos que se recusem a fazer os testes serão considerados cúmplices nos sequestros. Pela primeira vez na história, a ciência forense é usada para causas humanitárias. Com base nos testes de DNA dos avós, crianças desaparecidas podem ter uma evidência empírica e rastrear suas verdadeiras famílias com 99,9 por cento de certeza.

A maioria das avós são simples donas de casa que raramente saem à rua sem os maridos. Mas através das suas perdas pessoais elas se transformaram, estabeleceram o Banco Nacional de Dados Genéticos e influenciaram a legislação internacional de adoção ao ajudarem a definir o conteúdo da Convenção das Nações Unidas sobre o Direito da Criança, que é reconhecido por 191 países. Isso dá às crianças adotivas o direito de saberem que o são e de terem livre acesso aos seus históricos quando completam dezoito anos. As Avós da Praça de Maio possibilitaram que crianças adotadas em todo o mundo conheçam suas raízes e suas verdadeiras identidades.[17] Até dezembro de 2017, cento e vinte e sete crianças raptadas pela junta reencontraram suas famílias.[26]

Mercedes respeita o trabalho das avós e continua a apoiá-las. Ela entende a importância de conhecer a própria origem e a própria história.[28] Além disso, as conquistas das avós confirmam sua convicção de que “É importante reagir a este mundo, fazer dele um lugar melhor para todos, e não deixar isso nas mãos dos outros ou dos políticos. Acho que é um erro enorme acreditar que as grandes mudanças devem vir de partidos políticos. Não, elas devem vir de cada um de nós”.

Em 1991, Mercedes faz um show no Estádio Ferro Carril del Oeste em homenagem às Avós da Praça de Maio.[28]

MERCEDES GANHOU muito dinheiro ao longo dos anos, e nunca mais enfrentará a pobreza que vivenciou na infância ou quando era uma jovem artista. Pelo resto de sua vida nunca mais lhe faltará nada, nem a ela nem a sua família. Ela tem meios para comprar uma casa luxuosa, mas prefere morar em seu amplo apartamento na *Avenida 9 de Julio*, em frente ao magnífico edifício da Embaixada da França, no centro de Buenos Aires. Há pouca pretensão em seu estilo de vida; ficar rica não a deixa superficial. "Não me interessa ter um avião ou uma piscina. Eu só quero viver em paz",[28] ela diz.

Sua visão sobre a desigualdade social também não muda. Ela ainda defende que todos devem ter um lar com uma cama para dormir e um emprego para se sustentar. "Eu tenho o sonho de que todas as pessoas devem ter comida para comer, roupas para vestir e uma casa para viver. Esse sofrimento tem que acabar para que o trabalhador tenha orgulho do seu esforço e orgulho de ser um trabalhador. O modo mais solidário de ajudar aos pobres é dando a eles um emprego para que possam se sustentar", ela diz.[2] Com seus ganhos ela ajuda imigrantes do Peru, da Bolívia e do Paraguai que vivem ilegalmente em uma região de Buenos Aires chamada Bajo Flores. Ela doa dinheiro para um novo transmissor para sua pequena estação de rádio, que comunica diretamente aos imigrantes, e também apoia a cozinha comunitária. Ela fornece roupas e máquinas de costura à algumas mulheres do Bajo Flores e investe em uma fábrica de raviòli.[2] Sua abordagem prática é recompensada. Em 1992 ela é declarada cidadã de honra em Buenos Aires por seu engajamento social.[13]

ASSIM COMO sua empatia pelos pobres não mudou, a afeição pelo povo indígena também não. Embora receba convites para apresentar-se nos lugares mais prestigiados do mundo, há uma voz dentro dela que recorda-a de suas raízes indígenas. Ela quer aproximar-se dos nativos que talvez não saibam quem ela é ou não tenham condições de assistir aos seus concertos. Ela sente que enquanto não fizer essa conexão, algo importante estará faltando.

Certa vez, ao ser entrevistada por um jornalista, ele diz-lhe que esteve em contato com alguns argentinos nativos e perguntou a eles se conheciam Mercedes Sosa. Eles responderam: "Nós nunca encontramos Mercedes Sosa, mas conhecemos suas músicas e sabemos que ela é uma de nós".[2] Essa resposta a deixa orgulhosa, motivando-a a fazer uma turnê pelas áreas remotas da Argentina e a se apresentar de graça para estar em contato com os nativos.

O tour leva-a primeiro para a Bolívia, depois para La Quiaca e Jujuy, no Noroeste da Argentina, trezentos quilômetros ao norte de sua cidade natal, San Miguel de Tucumán.[27] Nessa parte do país a maioria das pessoas já a conhece, e ela é acolhida de forma especialmente calorosa. Em um posto de gasolina nos arredores da cidade, um grupo de crianças reconhece o ônibus da turnê e corre em sua direção. Olhando para Mercedes, eles atiram seus braços sobre ela e a beijam. "Eu sou muito agradecida pelo amor das pessoas. Mesmo as crianças, que não entendem sobre o que eu canto, me adoram",[25] ela comenta ao pensar sobre a experiência.

Às vezes eles param em algum vilarejo pelo caminho para descansar, conhecer pessoas e dar uma volta. Mercedes sente-se em casa ao andar pelas vielas estreitas entre casas simples caiadas de branco. Vestindo seu poncho e com o cabelo preso em rabo de cavalo, ela confunde-se com os locais. Alguns adultos aproximam-se para cumprimentá-la e beijá-la. Crianças tímidas, de bochechas rosadas e cabelos despenteados, seguem-na curiosamente aonde quer que vá. De vez em quando ela senta-se espontaneamente em um degrau de pedra e, tocando seu bumbo, canta para eles a cantiga "Duerme negrito" (Dorme negrito).[25]

Dirigindo do Norte da Argentina até a Patagônia, eles viajam mais de quatro mil quilômetros até chegar à cidade mais ao sul do mundo, Ushuaia. É nesta fria e ventosa localização subpolar que ela termina a turnê, entretendo e fazendo amizade com os fueguinos, o povo nativo da *Tierra del Fuego*. Eles vivem na mais extrema condição de pobreza que ela vira durante todo o tour. Novamente, são as crianças que atraem a atenção de Mercedes. Ao ver como eles inventam os próprios brinquedos e usam caixas velhas como trenós para descer as montanhas, lembra-se da própria infância e de como costumava se divertir no parque com seus brinquedos caseiros. Mercedes sabe que muitas dessas crianças nunca terão a chance de sair da pobreza, e isso deixa-a ainda mais determinada a fazer a diferença na vida das crianças da América Latina.

Em 1999, quando a UNICEF lhe dá a oportunidade de tornar-se Embaixadora da Boa Vontade pelas crianças da América Latina e do Caribe, ela aceita prontamente. Sem hesitação, Mercedes dedica-se à tarefa pelo resto da vida. Quando perguntada em uma entrevista sobre qual conquista em sua vida deixou-a mais orgulhosa, ela responde: "Ter me tornado embaixadora da UNICEF em defesa das crianças da América Latina e do Caribe. Uma infância sofrida gera homens e mulheres desesperados".[6]

AGORA, AOS cinquenta anos, ela espera que possa passar algo positivo para as novas gerações, especialmente os jovens artistas. "Eu tenho muito respeito pelos jovens, por aqueles que desde sempre questionam e desafiam as coisas. Quero deixar a eles uma mensagem muito importante, a de que eles têm importância para o mundo",[11] ela diz. "A ditadura militar em meu país paralisou as pessoas. Hoje uma nova geração está surgindo, repleta de jovens compositores experimentando a paixão de sua liberdade."[15]

Uma das coisas que Mercedes faz para encorajar a nova geração é levá-los a alguns dos maiores festivais de música que acontecem todos os anos em diferentes países da América Latina. O maior deles é o festival de Cosquín, na província de Córdoba, que acontece no fim de janeiro e dura nove dias. Foi aqui que, em 1965, Mercedes teve sua grande estreia e, à exceção dos anos de exílio, participa de todas as edições desde então. Assim como naquela época foi apresentada por Jorge Cafrune, ela agora se empenha em promover a nova geração de artistas, e convida muitos dos que são menos conhecidos para cantar com ela no palco. Vários deles têm sua grande revelação quando Mercedes coloca-os na ribalta e usa seu prestígio para apresentá-los a novos públicos. Ela nunca teme compartilhar sua fama e acha que muitos desses artistas cantam bem melhor do que ela. Os jovens artistas, por sua vez, admiram-na. Ela torna-se uma espécie de madrinha, que presta atenção ao trabalho deles e lhes dá a sua aprovação.

Um dos artistas que ela sempre convida ao palco é o cantor e compositor argentino Víctor Heredia. "Mercedes me obrigou a cantar em todos os shows, e forçou as pessoas a me ouvirem. Eu sempre a chamo de mamãe porque ela é minha segunda mãe",[3] revela Heredia sobre a ocasião de sua grande revelação. Ele escreveu a canção "Todavía cantamos" (Ainda cantamos), que após a queda do regime se tornou parte integrante do repertório de Mercedes.

"Ainda cantamos, ainda pedimos
Ainda sonhamos, ainda esperamos
Apesar dos golpes em nossas vidas
Provocados pelo engenhoso ódio
Deixando esquecidos nossos entes queridos"

Conviver com os jovens e ouvir sua música a mantém atualizada e informada sobre outros gêneros além do seu. Ao invés de manter-se na zona de conforto, ela tem a coragem de cruzar barreiras estilísticas e incluir em seu repertório influências do tango argentino, da nova trova cubana, da bossa nova brasileira, do jazz e do rock. "Minha carreira tem sido uma constante busca, não por aplausos, mas uma jornada musical pessoal envolvendo mudanças e riscos. Eu não abandonei a música folclórica, porém comecei a cantar algumas das composições em português com influências do jazz de Milton Nascimento, Chico Buarque e outros mestres da música popular brasileira. Eu ainda estou experimentando, pesquisando. Eu não me sinto velha; sou uma artista que está constantemente mudando seu repertório",[28] diz ela.

Assim como constrói uma ponte entre as gerações, ela também usa sua fama para construir pontes entre gêneros musicais que costumavam estar distantes uns dos outros. Ela entretanto continua leal à música popular e às suas raízes da "Nova Canção", além de inspirar novos artistas a manterem viva a música folclórica tradicional. Independente do que faça, ela nunca abdica de suas opiniões políticas, e ainda canta músicas de protesto. Mas aos poucos mais canções são adicionadas ao seu repertório, sem necessariamente ter um conteúdo político. Mais canções de amor são incluídas, como por exemplo, "Tonada del viejo amor" (Canção do velho amor) e "Insensatez". Não importa o gênero que ela se proponha a cantar, sua solidariedade com as pessoas que sofrem e sua convicção de que o bem vencerá o mal é primordial para ela. "Tudo o que pensava e acreditava antes, ainda acredito. Minha opinião não mudou. Eu não poderia sequer sonhar em mudá-la",[25] ela diz. "Posso cantar sobre os problemas ocorridos durante a ditadura militar. Mas também canto sobre os problemas que acontecem agora. Eu continuo cantando sobre a pobreza e a fome, porque são questões que persistem tanto na ditadura quanto na democracia."[29]

Embora muitos dos artistas latino-americanos que ela ajuda a apresentar ao público compartilhem das mesmas paixões, ela nunca deixa que sua ideologia limite com quem irá colaborar. Muito pelo contrário – ela usa a música para criar conexões entre pessoas com diferentes ideologias e está aberta a trabalhar com qualquer um que queira trabalhar com ela. Mostrar respeito pelos outros é um dos seus principais valores. Com a autoconfiança adquirida na infância, ela mantém-se segura de si mesma e consegue facilmente abraçar a diversidade sem sentir-se ameaçada. Como ela diz: "Somos todos diferentes, e essa é a beleza da vida na Terra. Nossas diferentes cores, diferentes visões e diferentes sistemas políticos".

Seu trabalho por uma coexistência pacífica é recompensado. Em outubro de 1996 ela recebe o prêmio CIM-UNESCO, concedido pelo Conselho Internacional de Música por sua incansável defesa dos direitos humanos e por contribuir pela união e o respeito e compreensão mútuos entre as pessoas. O júri fundamenta a decisão citando sua excelente carreira e exaltando seus elevados valores morais e éticos.[13]

Um ano depois, em março de 1997, é concedido a ela o prestigioso cargo de vice-presidente do Earth Council, onde ela participa da elaboração da Carta da Terra, um modelo ético para a construção de uma sociedade global pacífica, justa, e sustentável no século XXI.[30]

EM 1987, Mercedes passa por uma experiência excepcional no Carnegie Hall.[11] Sua performance chega ao fim e ela aguarda até que o público termine de aplaudir, mas eles se levantam e continuam batendo palmas. Ela inclina-se humildemente e diz "Gracias, muchas gracias". Os aplausos duram três minutos. Acreditando que esteja chegando ao fim, ela abre os braços em direção à plateia como se os abraçasse, enquanto diz "Eu amo vocês. Obrigada pelo seu amor. Eu amo todos vocês. Obrigada por terem vindo".

A ovação torna-se ainda mais intensa. Seis minutos se passaram e as pessoas continuam de pé. Mercedes se emociona. Ela nunca imaginou que seria tão bem recebida fora da América Latina. Ela nunca teve como objetivo popularidade ou renome. Estar nos Estados Unidos, recebendo uma ovação em pé como esta é algo que vai além dos seu sonhos mais loucos. Mercedes fecha os olhos e absorve o momento, sua vida passa como um filme no interior de suas pálpebras. Aqui está ela, a garotinha que sempre cantou, até mesmo no cemitério, recebendo tamanha homenagem – não só por causa de sua voz e das habilidades artísticas, mas pela vida que viveu e o preço que se dispõe a pagar por manter suas convicções e a busca por um mundo melhor para todos.

Ela sente-se humilde, reflexiva e grata. "Gracias a la vida" nunca significou tanto para ela quanto agora. Mais do que nunca, ela acredita que sua luta não é em vão.

Mercedes permanece em pé, de olhos fechados por mais alguns minutos antes de dirigir-se novamente ao público. Com lágrimas escorrendo pelo rosto ela diz: "Obrigada, meus queridos amigos. Um beijo a todos vocês. Muito obrigada". Mais de dez minutos se passaram até que ela deixasse o palco, profundamente comovida. As ovações não param até que ela tenha partido.

DURANTE O verão de 1988, Mercedes faz uma turnê pela Alemanha Ocidental, Suíça e Áustria junto com Joan Baez, dos Estados Unidos, e o cantor alemão Konstantin Wecker. É um período agradável para os três, pois eles têm uma relação próxima que abre espaço para muita diversão e espontaneidade no palco. Um dos concertos é lançado em DVD, o *Three Worlds, Three Voices, One Vision* (Três Mundos, Três Vozes, Uma Visão).[31] Os artistas cantam alternadamente, e Mercedes deixa uma forte impressão em Joan Baez:

"Mercedes construiu uma reputação internacional ao colocar suas preocupações políticas e sociais junto com sua música, unindo verdadeiro talento artístico com as coisas nas quais ela acredita. Pequena e corpulenta, mas com a imponente presença de palco de uma Mãe Natureza andina e uma acolhedora mas penetrante voz de contralto, a Sra. Sosa mantém um equilíbrio entre a arte e a convicção que confere à sua música sinceridade e poder abrasadores. Eu nunca vi nada como ela. Ela é monumental em estatura, uma cantora brilhante de enorme carisma que é ambos, uma voz e uma personagem. Ela pode não ter a aparência da Tina Turner, mas certamente conquista o público de cima do palco. Quando cantávamos juntos nos shows, eu chorava durante toda sua apresentação. Isso a deixava acanhada, mas uma noite eu fiquei de joelhos e beijei seus pés. Há muito tempo eu não me sentia tão comovida pela música. Quando falamos de artistas, ela é simplesmente a melhor."[11]

Em outubro desse mesmo ano, Mercedes participa de um festival de música internacional em Buenos Aires, organizado pela Anistia Internacional, onde se apresenta ao lado de artistas estrangeiros como Peter Gabriel e Sting, juntando-se a eles para cantar "They Dance Alone" (Elas dançam sozinhas). A música fala sobre as pessoas desaparecidas na Argentina, e é um tributo às Mães da Praça de Maio. Elas permanecem no palco durante todo o concerto, que é transmitido pela televisão argentina.

Bruce Springsteen também participa do festival. Ele acabara de voltar de um show em Berlim Oriental onde estavam reunidas 300.000 pessoas, embora apenas 160.000 ingressos tenham sido colocados à venda. Na metade da apresentação ele faz um discurso dizendo: "Eu não sou a favor ou contra nenhum governo. Eu vim para tocar rock'n'roll para vocês, com a esperança de que todos os muros sejam um dia derrubados". O lugar ficou em completo silêncio. As pessoas prendiam a respiração para ver como as autoridades reagiriam. Mas ao perceber que não havia nada que elas pudessem fazer, pois eles eram muitos, a multidão começa a vibrar sem hesitação.[32]

Não é o concerto ou o discurso em si que derrubam o Muro de Berlim em 9 de novembro de 1989, mas juntos eles ajudam a encorajar os cidadãos alemães a saírem às ruas e reivindicarem a liberdade. Esse exemplo confirma à Mercedes que a arte pode impactar o mundo mais do que a política. "A cultura é a revolução mais importante. Governos não duram. A cultura é a grande força",[33] ela declara, e segue em frente, usando sua arte e sua posição como plataformas para influenciar o mundo.

MERCEDES RECEBE frequentemente convites para ir à televisão e a *talk shows*. Em 1993 ela participa de um programa juvenil da famosa apresentadora brasileira Maria da Graça Xuxa Meneghel, mais conhecida simplesmente por Xuxa. O lugar está repleto de adolescentes entusiasmados que vibram enquanto Xuxa conduz Mercedes até o centro do estúdio. É quase Natal, então ela começa cantando "Ay Navidad" (Ah, o Natal), que faz os jovens aplaudirem incansavelmente. Em seguida, ela abraça os músicos e Xuxa, que claramente tem muito carinho por Mercedes, cujas mãos continua segurando e acariciando. Ao fundo, os adolescentes gritam, "Olé, Olé, Olé, Olé. Negra, Negra". Mercedes deseja a todos um feliz Natal e está de saída quando Xuxa e a plateia começam a cantar "Y dale alegría a mi corazón" (Dê alegria ao meu coração).

O estúdio parece um estádio de futebol, e a temperatura aumenta conforme a música é repetida várias e várias vezes pelos suados adolescentes que pulam e dançam com grande entusiasmo. Mercedes, já perto de seus sessenta anos, ainda é capaz de entusiasmar os jovens. Determinadamente, ela agarra de volta o microfone e começa a cantar junto com eles. No meio da música ela repara em uma garotinha com síndrome de Down tentando alcançá-la. Mercedes para de cantar, se abaixa e entrega-lhe o microfone. A menina canta corajosamente enquanto Mercedes acaricia seus cabelos. Quando ela termina, Mercedes a olha com ternura, orgulho e aceitação. Depois olha para cima e sorri para a audiência, um sorriso que, sem usar palavras, diz a todos que são belos à sua própria maneira, e merecem amor e aprovação.[34]

DURANTE TODA A década de 1980 e grande parte dos anos 1990, Mercedes está em constante movimento. Ela faz centenas de shows na América Latina e lança um álbum novo quase todos os anos. Quando não está viajando, o estúdio é sua segunda casa. Mas mais importante do que seus ganhos e prêmios conquistados é o carinho que recebe das pessoas comuns aonde quer que vá. Ela nunca almejou fama ou aplausos, sempre foi movida pelo desejo de ter uma relação genuína com as pessoas. Ela tem se esforçado para atingir este objetivo, sendo acessível e dando atenção àqueles que a abordam. "Eu tenho me empenhado para alcançar as pessoas comuns, as pessoas das favelas, e nunca consegui fazer isso. Tem sido um grande desespero para mim. Levei muitos anos para conquistar o amor e a proximidade do povo",[25] admite. Agora ela não consegue sair pela porta sem que os fãs se aproximem na esperança de serem saudados. Quando anda por alguns de seus mercados de rua favoritos, seus compatriotas reúnem-se ao redor dela pedindo-a para cantar. Às vezes ela cede e canta acompanhada pela multidão. A fama não a corrompeu. Sendo uma pessoa pé no chão, ela acaba naturalmente por conversar com seus admiradores do dia a dia. "Eu sou do povo, e continuarei sendo do povo." Por isso não gosta de ser chamada de diva. "Eu odeio essa palavra. Eu sou uma cantora folclórica",[25] ela afirma.

Em um dos poucos dias de folga, ela sai para caminhar por La Boca, o antigo porto de Buenos Aires. No trajeto é abordada, como sempre acontece e, não tendo pressa, passa algum tempo conversando com os fãs. Um senhor de idade sai de sua casa e oferece a ela um presente – uma tigela de cerâmica com pequenas lascas. Sua camiseta está cheia de buracos e faltam-lhe alguns dentes. Ele abraça-a afetuosamente e ela corresponde, agradecendo pelo presente, que é provavelmente a única coisa que ele tem para dar.[25]

Chegando ao porto, ela vê pilhas de ferro-velho e antigas embarcações abandonadas que a fazem lembrar dos sete milhões de imigrantes vindos da Europa para a Argentina no final do século XIX e começo do século XX, pessoas fugindo da guerra e da fome e sonhando em começar uma vida melhor. "Esta parte de Buenos Aires sempre me tocou muito. É uma região muito especial. Quando vejo estes barcos, penso na distância percorrida por essas pessoas e no preço que tiveram que pagar para chegar aqui. Os corações dos trabalhadores também estão enferrujados, e somente a paz e a democracia podem fazer com que as coisas sejam melhores para eles", diz ela no documentário *Sera Possible el Sur?* (Será possível o Sul?).

Ela deixa o porto e caminha em direção ao coração de La Boca. Olhando ao redor, repara nas casas alegres, vibrantes e multicoloridas que circundam o porto e percebe que se parecem muito com alguns lugares em que esteve na Itália. De fato, a maior parte dos imigrantes que se estabeleceram em La Boca eram italianos. Infelizmente a maioria deles também ficou presa aqui. Poucos habitantes de La Boca conseguiram alcançar a vida que almejavam. Muitos eram agricultores que desejavam cultivar a própria terra em um novo país, mas naquela época todos os terrenos na Argentina pertenciam a grandes latifundiários, e não havia espaço para eles. Como resultado, a maioria ficou presa em Buenos Aires, obrigados a trabalhar no porto, nas ferrovias ou nas indústrias. La Boca é um bairro operário e as pessoas aqui ainda trabalham duro para ter uma vida digna. Refletindo sobre a identidade e a história da Argentina, Mercedes se lembra de um ditado frequentemente usado para descrever os argentinos:

"Os mexicanos vieram dos astecas, os peruanos vieram dos incas e os argentinos vieram dos barcos."

Em uma esquina, ela se depara com dois jovens rapazes usando uniformes azuis muito sujos. Em sua cabeça ela faz a conexão entre eles, que têm as mãos sujas de óleo, e a história na qual acabara de pensar. Ela se solidariza com os acanhados rapazes, que estão obviamente emocionados por encontrar seu ídolo no próprio bairro e não sabem o que fazer ou falar. Mercedes ergue os braços em sua direção. Com as mãos no rosto de um deles, ela fica parada por um momento observando-o. Os olhos dela brilham de amor, simpatia e orgulho. Como uma mãe que observa o filho com um olhar terno e afetuoso, sua expressão passa a mensagem mais importante que um ser humano pode receber. É um olhar que diz: "Eu vejo você. Aos meus olhos você é maravilhoso". Ela beija-o em ambas as faces antes de deslizar as mãos para seus ombros, onde permanecem com apreço. Ela então se vira para o outro jovem e dá a ele a mesma atenção. Com os braços à volta dos ombros de um dos rapazes, eles caminham juntos pela rua enquanto continuam conversando.[25]

Mercedes desenvolveu uma habilidade única de ver e valorizar as pessoas por quem são. Estar tão perto delas a deixa feliz, mas ao mesmo tempo cansada por carregar o peso dos outros quase sem ter tempo para si mesma. Há alguns momentos em que ela deseja apenas ser uma pessoa comum e anônima. "Aqueles que levam uma vida privada têm de ser felizes", ela diz.

Ela conquistou a proximidade com o público que sempre desejou, mas isso tem um preço.

Mercedes Sosa e Fito Páez durante a gravação do CD duplo, Cantora, em 2009.

Mercedes Sosa com Sting

Mercedes Sosa e León Gieco

Aquarela de Gustavo Leonel Muñoz Cervio
Proyecto Cultural Mercedes Sosa Por Siempre

Doença e os últimos anos

É TARDE DA NOITE. Mercedes está deitada sozinha na escuridão ouvindo o tiquetaquear do relógio enquanto se revira de um lado para outro. Ela se levanta, prepara um copo de leite quente, bebe-o e volta para a cama. Todas as impressões sobre a gravação do novo álbum com Charly García, *Alta Fidelidad* (Alta Fidelidade), viajam em sua mente como o metrô na hora do *rush*. Um pensamento se segue a outro. Como ficaram as gravações? Eles cometeram algum erro? Conseguem fazer melhor na manhã seguinte? As expectativas sobre si mesma como artista consomem toda sua energia. Ela quer que todas as gravações estejam perfeitas, pois sabe que permanecerão no mundo para sempre.[15] Isso sempre esteve entre seus maiores desafios; seu perfeccionismo é um terreno fértil para preocupações, mas também para novas ideias. Ela sabe que amanhã terá correções a fazer, e o simples fato de pensar nisso a deixa exausta.

Os pensamentos de Mercedes não só a deixam preocupada em relação ao dia seguinte como também se estendem ao passado. São tantas as memórias da vida agitada que viveu. Os anos no exílio e a morte de Pocho surgem de seu âmago com grande insistência. Às vezes, quando está rodeada de pessoas, ela deseja estar só. Contudo, quando está sozinha sente falta de ter gente por perto. Instintivamente ela sabe que, contanto que se mantenha ocupada, os pensamentos sombrios ficarão afastados. Suas memórias são como pequenas nuvens cinzentas passando pelo céu. Como ela diz: "Quando eu entro em depressão, a cor cinza preenche minha cabeça. Sou invadida. A cor cinza é séria, muito séria. É como se uma nuvem negra estivesse me dominando. Eu preciso me proteger e escapar desta cor."[3] São três horas da manhã quando ela finalmente consegue afastar as nuvens cinzentas e ir dormir. Em menos de cinco horas ela precisa se levantar e ir gravar outra vez.

Ela se sente cansada ao acordar, mas o cinza se foi. No entanto, quando a noite cai, tudo recomeça. Depois dos últimos aplausos, quando as luzes do palco se apagam e a porta do apartamento é trancada atrás de si, a cor cinza entra sorrateiramente, como um monstro pronto para devorá-la.

Em 1997, após terminar a gravação de *High Fidelity*, as nuvens cinzentas envolvem Mercedes como um pesado edredom. Durante toda a vida ela foi impulsionada por seu trabalho e seu sucesso, e agora é hora de pagar a conta por não ter ouvido os sinais do seu corpo e da sua alma. Certa manhã, ela não consegue se levantar e permanece na cama. De todos os cantos de sua mente surgem memórias reprimidas. Seu sistema está sobrecarregado por elas, tanto as boas quanto as más, e pela dor causada por essas lembranças.

A nebulosidade que a cerca transforma-se em uma grave depressão. A depressão causa complicações gástricas[20] que fazem com que ela perca a voz, exatamente como aconteceu quando estava no exílio.[19] Pensar em comida a deixa enjoada e ela para de comer e beber, apesar das muitas tentativas de Fabián para que o faça. Durante cinco semanas ela consome apenas quatro uvas por dia, e perde trinta quilos em cinco meses. Ela fica tão fraca e desidratada que precisa de ajuda para sair da cama e ir ao banheiro. Algumas vezes ela fica atordoada e pensa que está em um quarto de hotel. Tudo o que ela quer é morrer, e seu médico diz-lhe que é o que acontecerá caso ela não comece a se cuidar.[4]

Ele aplica injeções e prescreve antidepressivos. Pouco a pouco ela começa a se alimentar, mas acaba por vomitar o que quer que coma. Um dia ela tenta sair da cama, mas consegue andar apenas dez metros antes de sofrer uma queda. Depois, quando vislumbra a si mesma no espelho do banheiro, fica apavorada com o aspecto desgastado de seu corpo.

O médico e o psiquiatra diagnosticam unanimemente sua condição como depressão severa e culpam o exílio na Europa e os anos de trabalho intenso. Mercedes concorda com eles. "Eu nunca achei que tinha problemas. Os problemas eram internos, mas profundamente internos", ela conclui.

Mercedes quer ser deixada só, e as únicas pessoas que vê, somente porque de fato precisa, são Fabián, o médico e Maria, uma ajudante doméstica. Às vezes ela se irrita quando eles entram no quarto, especialmente se trazem comida.

Após quase um ano na solidão, uma jovem cantora da Bolívia pergunta se pode visitá-la. Mercedes tem muito carinho por essa cantora em particular e abre uma exceção. A moça fica chocada ao entrar no quarto de Mercedes e vê-la pálida e enfraquecida em sua cama. Ela busca em sua mente para encontrar as palavras certas, e então diz à Mercedes que pedirá às "Mães Bolivianas" para enviarem-na um pássaro cantor especial que irá alegrá-la. Na manhã seguinte, Mercedes ouve o mais lindo gorjear do lado de fora de sua janela. Ela nunca havia ouvido este pássaro antes e nunca mais o ouviu novamente depois deste dia.[4]

Mercedes cresceu dentro das normas do catolicismo e sempre respeitou as crenças dos outros, mas até então nunca havia deixado que a religião tivesse um papel ativo em sua vida pessoal. Agora, na noite escura de sua alma, sua raiva e frustrações se voltam para Deus, a quem considera responsável por toda a injustiça que enfrentou. Ao fazer isso, ela consegue aliviar uma parte de sua revolta e ressentimento, e sente que algo se eleva dentro de si. A amargura se transforma em gratidão pela vida e, ao invés que querer morrer, ela diz: "Eu passei cinco meses na cama sem conseguir andar, achando que eu nunca mais faria nada em minha vida. Agora tenho muito amor pela vida. Me alegro com ela. A vida é maravilhosa. Eu percebi que muitas vezes não damos valor à vida. Eu fiz as pazes com Deus. Quando se está doente, só você sabe o quanto sofre. A doença me trouxe para mais perto de Deus. Eu me reencontrei com Ele".[6]

Depois dessa experiência, Mercedes finalmente encontra forças internas para se levantar e voltar à vida, com a ajuda e o apoio da família e dos amigos. A cor cinza ainda está por perto, mas ela já não a teme mais. Ela aprendeu a lidar com isso e está determinada a não deixar que ela a domine novamente.

Lembrando de um show em Miami em 2007 ela diz comovida, "Sou muito grata, sabe, de que Deus tenha me dado essa segunda chance. Eu nunca acreditei em Deus, mas quando minha doença culminou, há alguns anos, eu estava tão desesperada que disse a Ele, tal como disse Cristo, 'Deus, por que você me abandonou?', porque eu me sentia desamparada. E foi um milagre, eu comecei a me curar".[20]

A DEPRESSÃO manteve-a longe dos holofotes por quase um ano. Ela agora tem sessenta e três anos e está longe de ter a energia de antes. A ideia de viajar ao redor do mundo a faz considerar se é hora de se aposentar, e ela duvida que seja possível regressar com a sua idade. Uma parte dela quer sossegar e passar mais tempo com a família; a outra quer cantar para as pessoas o máximo que puder. Ela ainda não tomou uma decisão, mas a vida indica a direção certa quando ela aparece em público pela primeira vez depois da doença, em um show de Pablo Milanés no Luna Park, em Buenos Aires. Pablo começa com a música "Años", que costumava sempre cantar com Mercedes. Espontaneamente ele passa o microfone para ela, que está sentada na primeira fileira, e lhe pede que cante com ele. Ela o faz, pela primeira vez no que pareceu uma eternidade. Ela permanece calma, mas os colegas que sabem pelo que ela acabou de passar estão todos chorando. Um buquê de flores é entregue a ela e a plateia ao seu redor se levanta e começa a aplaudir.[4] É um momento que dá a Mercedes coragem para voltar.

O primeiro convite que ela aceita depois de sua pausa é para um concerto no Luna Park, em 1998. Mais uma vez o receio de não atrair mais o público é dissipado. Ela superou há muito tempo seu medo de palco e a vergonha em relação ao seu peso. Agora ela se move seguramente pelo palco, como se fosse sua segunda casa, e o transforma em uma aconchegante sala com uma grande cadeira no meio para que ela se sente. Na plateia todos são seus convidados pessoais. Ela dá a eles plena atenção, de uma forma relaxada e bem-humorada. Ela ri muito e faz a audiência rir junto com ela. Falando com uma voz terna, ela inicia o que parece ser uma conversa particular com milhares de pessoas quando papeia espontaneamente entre as músicas. Um enorme telão sobre o palco dá ao público a vantagem de contemplar minuciosamente seus gestos e expressões.

Ela surpreende a si mesma e ao público com a energia que mantém durante toda a performance. Um jornalista depois pergunta-lhe de onde tira tanta energia. Ela responde: "Eu não faço a menor ideia. Eu me sentia muito, muito fraca".[35] Passado algum tempo, ela percebe que algo de bom lhe acontece quando canta, e conclui que está na verdade se curando ao fazê-lo.

Ela também recomeça a gravar. A primeira gravação depois da doença é *Misa Criolla*, uma composição musical espiritual para a qual foi convidada a participar pelo compositor argentino Ariel Ramírez. Mercedes vê como um sinal divino que a gravação aconteça logo depois que ela fez as pazes com Deus. Ela também não acha que seja coincidência o álbum ser gravado em Israel.[6] Ela não se tornou religiosa no sentido tradicional e não acha que precise mudar seu modo de viver, mas sua recém-descoberta espiritualidade a conscientizou para uma presença divina em si. Embora nunca tenha dado importância à religião, ela também nunca cantou ou discursou contra Deus. Ela sempre respeitou outras religiões, especialmente a de sua mãe.[36] Durante toda a vida, Ema tem sido um exemplo para Mercedes quando se trata de colocar a religião em prática sendo caridosa. Amar ao próximo como a si mesmo é também para Mercedes a regra principal. Fora isso, ela não fala muito sobre sua fé ou como imagina Deus. Ela não precisa, suas ações falam mais do que palavras.

E através da sua maneira de ser neste mundo, ela está profundamente ligada ao amor – talvez tão profundamente, que o amor seja seu Deus.

MERCEDES SEMPRE foi muito próxima da mãe. A proximidade é tanta que uma noite, sozinha na casa de um amigo, ela sente repentinamente a presença de alguém em pé atrás de si, com a mão em seu ombro, como a mãe costumava fazer. Mercedes vira-se, mas não há ninguém. Alguns minutos depois, ela recebe um telefonema com a notícia de que sua mãe está inconsciente. Mesmo não sendo um choque – ela já estava doente há algum tempo – isso afeta Mercedes profundamente. Em 27 de abril de 2000, Ema morre aos oitenta e nove anos de idade.[4]

Cada vez que Mercedes perde alguém que ama, sente que a dor se intensifica. Mas dessa vez ela sabe que precisa encarar isso de frente ao invés de fugir. Ela tenta encontrar o equilíbrio e se permite tempo para viver o luto sem deixar que a cor cinza a invada. Ela encontra força e conforto em seu último álbum, *Misa Criolla*, que homenageia a grande fé de sua mãe em Deus. Ela recebe seu primeiro Grammy por *Misa Criolla*, o Grammy Latino de Melhor Álbum Folclórico.

EMBORA ESTEJA fisicamente fragilizada pelas adversidades da vida e pelo efeito da idade que se aproxima furtivamente, Mercedes consegue seguir em frente com a carreira. Mas ela nota que algo mudou. "Depois da depressão em 1977 e da morte da minha mãe em 2000, eu me sinto fadada a uma espécie de sensibilidade constante", ela diz. Ela chora com mais facilidade quando está sozinha e também na frente de outras pessoas. Às vezes sente-se emocionada pela gratidão de estar viva, de ser capaz de cantar para as pessoas e receber tanto amor em troca. "Eu canto para as pessoas porque as amo",[25] diz ela, e acrescenta que é o amor das pessoas que lhe dá forças.

As lutas dos outros também a comovem profundamente. Depois dos shows, ela passa algum tempo falando com as pessoas e ouvindo suas histórias, como fez após um concerto na Holanda. "Quando eu conheci Mercedes Sosa, um grande amigo meu era seu gerente de turnê. Eu me senti privilegiado em tê-la encontrado e lembro-me quão impressionado fiquei com sua graça e humildade ao receber uma extensa fila de admiradores depois de ter feito um longo concerto. Se ela estava cansada, ninguém podia notar. Ela estava completamente focada em cada história compartilhada consigo naquela noite. Impressionante!", Christel Veraart, cantor e compositor, Alasca.[37]

Certa noite, após um show em uma festividade pública em Tunyan, 140 km ao sul de Mendoza, o baixista de Mercedes, Genoni, diz a ela que encontrou um de seus fãs na recepção do Grand Hotel. O fã, Luis Plaza Ibarra, veio da Suécia com o único objetivo de ver Mercedes ao vivo, mas ele não consegue encontrar acomodação, já que todos os hotéis da cidade estão lotados. Quando Mercedes ouve isso, pede que convidem Luis para encontrá-la nos bastidores depois do show. Os seguranças o deixarão passar sem nenhum problema se disser apenas que Mercedes o convidou. Ele primeiro encontra Fabián, que diz que a mãe está muito enfraquecida e não tem certeza se conseguirá vê-lo. Entretanto, mesmo se sentindo fraca, Mercedes aparece. Estando subitamente cara a cara com ela, Luis paralisa, ele apenas segura suas mãos e diz: "Obrigado, obrigado por tudo", ao qual Mercedes responde: "Você achou um lugar para dormir hoje?". Esse encontro marca o começo de uma amizade eterna, e Luis acaba viajando em turnê com Mercedes pelos últimos oito anos da vida dela.

A cada crise que Mercedes atravessa, se torna ainda mais solidária e compreensiva. Ela se identifica com os pobres, os doentes, os divorciados, com mulheres que sofreram aborto, com pessoas que perderam seus entes queridos, com os solitários, os deprimidos e os suicidas. Suas aflições pessoais a permitem ter empatia e transmitir conforto, como um jornalista americano a presenciou fazendo com Juan Carlos Nagel, um colega, nos bastidores após um show. "Eu a vi certa vez embalando um jornalista argentino nos bastidores de um concerto na UCLA. Ela o conheceu nos anos 1970 na Argentina, antes de ele se mudar para L.A. Ele estava morrendo em decorrência da AIDS, e ambos sabiam que seria a última vez que se veriam. Ele perdeu sua compostura pública e caiu nos braços dela suplicando, 'Mamãe!'. Ela o abraçou com ternura. O resto de nós deixou a sala contendo as lágrimas. Uma vez mais fui lembrado de sua beleza, sua humanidade. Ela era uma verdadeira *pacha mama*, palavra inca para uma mulher poderosa, uma Mãe Natureza.",[38] Tom Schnabel, produtor de rádio, *Rhythm Planet*.

Várias pessoas vêm simplesmente para estar na atmosfera de cura que parece tomar forma durante seus concertos. Não é incomum que algumas chorem o tempo todo. Mesmo que não falem ou não entendam uma palavra em espanhol, a mensagem é transmitida pelo jeito como Mercedes se apresenta. Sem som algum, a história ainda será contada somente através de sua expressão facial e linguagem corporal. A língua de Mercedes é a do coração; não precisa de tradução. Seu corpo, suas expressões, sua entonação estão todos em completo acordo com a emoção que ela expressa. Seu rosto está constantemente vívido e as características sobrancelhas escuras realçam a intensidade dos exóticos olhos negros. Quando ela sorri, duas doces covinhas se formam em seu rosto, e o som do seu sorriso pode ser ouvido em sua voz.

"O rosto dela é tão inesquecível quanto a voz, se igualando aos seus acordes em potência e presença".[39] Sandra Bertrand, Galo Magazine.

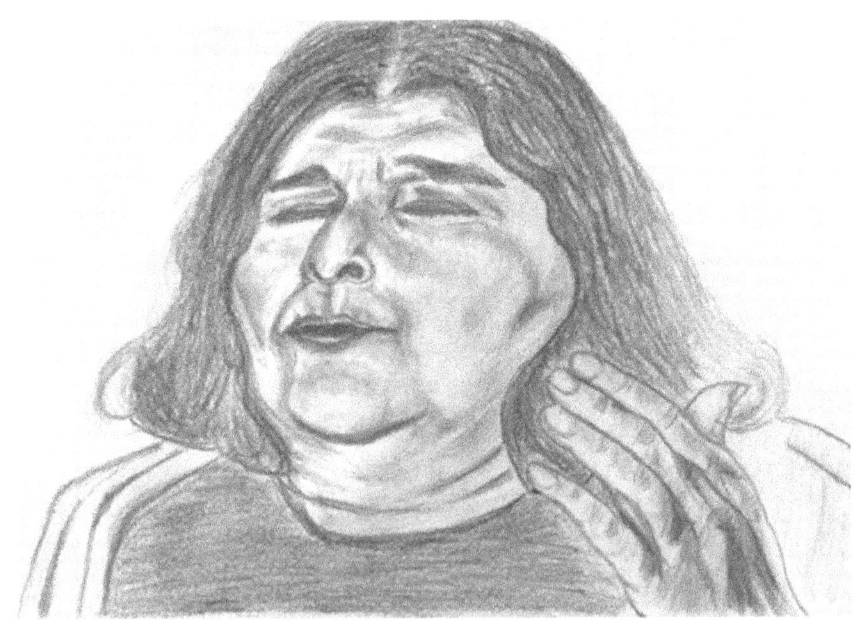

O imenso impacto que ela tem sobre todo tipo de gente fica evidente quando retorna para a região norte da Argentina após suas crises pessoais. Em março de 2011, ela faz um longo concerto ao ar livre em Santa Catalina, uma cidade mineira que fica 3.770 metros acima do nível do mar. O palco foi montado em uma ilhota num turbulento rio que o mantém separado da audiência, formada principalmente por mineiros pobres que compareceram apesar do tempo frio. De repente, na metade da apresentação, um rapaz perturbado vestido com roupas esfarrapadas pula no rio e nada até Mercedes sobre o palco. Ele tira a camiseta e entrega a ela. Em pé, com o dorso nu, ele lhe dá um aperto afetuoso, ao qual ela corresponde enquanto continua cantando.[40] O que está passando pela mente do rapaz? Ele está entorpecido ou é simplesmente um dos muitos que tem a necessidade de ser visto e aceito por quem é? Teria Mercedes se tornado uma figura de mãe para ele em sua imaginação, da mesma forma que se tornou para muitos de seus fãs? Um dos que se sentiu assim foi Ian Malinow, um correspondente de música latina e blogueiro da Costa Rica que disse: "De certa forma, Sosa era para mim como mais um membro da família. Mais do que uma cantora, em um mundo surrealista e distorcido criado por mim, ela se tornou como uma avó imaginária que viaja pelo mundo. Não me pergunte por que, mas ela parecia ter esse poder inerente sobre seus fiéis ouvintes e admiradores".[41]

O fato de alguns fãs relacionarem Mercedes a uma figura de mãe não a constrange. Ela inclusive valida esse forte sentimento deles a seu respeito. Certa noite, um jovem, Ignacio, caminha com a multidão até à entrada traseira do teatro, na esperança de cumprimentar Mercedes após o show. "Houve um tumulto e os seguranças anunciaram que

Mercedes já havia saído do prédio. Eu pude ver que Fabián ainda estava lá, falando ao celular, então presumi que Mercedes também estivesse por perto. Me senti nervoso e ansioso enquanto esperava próximo ao elevador. Depois de alguns minutos eu a vi através da porta de vidro. Quando a porta se abriu, eu estendi minha mão esquerda e Mercedes a agarrou. Segurando sua pequena mão na minha, eu a acompanhei até o carro. Ela entrou no banco de trás e de alguma forma consegui perguntar a Fabián se eu podia falar com ela. E então algo incrível aconteceu. Mercedes fez sinal para que eu entrasse e me sentasse ao seu lado. Eu não podia acreditar. Entrei no carro mas não sabia o que fazer ou falar. Tantos pensamentos passavam pela minha cabeça. Tudo que consegui dizer foi, 'Mercedes, posso te dar um beijo?'. Ela olhou para mim, sorriu e disse, 'Mas filho, por que você não poderia me dar um beijo?'. Eu a beijei em sua face direita. Me lembro do perfume forte que usava. Então eu saí do carro, as portas se fecharam, Mercedes partiu e eu nunca mais fui o mesmo."

Mercedes sabe da influência que tem sobre as pessoas e se pergunta se é sua voz, seu rosto ou suas crenças que causam este profundo impacto.[4] "Eu não sou jovem nem bonita, mas tenho minha voz e a alma que nela se manifesta", conclui ela em uma entrevista em 2001.[42] Quando ela canta, tudo que há dentro de si transparece, e a audiência vislumbra sua alma. Mas não são só as expressões suaves e emotivas que ela domina, também consegue ser dramática e imponente. Ela possui uma autoridade natural que transmite quando ergue os braços, cerra os punhos ou joga a cabeça para trás em gargalhadas. Uma de suas performances mais inflamadas é na canção "Cuando tenga la tierra", que uma vez a fez ir presa.

Quando a canta, ela ziguezagueia andando rapidamente pelo palco. Entre os versos, ela eleva o volume em uma proclamação que mostra a força de sua voz, capaz de começar uma revolução sem sequer usar microfones. Certa vez, o sistema de som parou de funcionar quando ela começou a cantar. "Me lembro de Mercedes Sosa pela interpretação de 'Los Mareados' no Concertgebouw, em Amsterdã, onde assistia à um show dela. Mercedes decidiu começar a música em pé, de costas para o público. As primeiras notas devem ter pegado o engenheiro de som de surpresa porque os alto-falantes estouraram de repente, fazendo um barulho terrível", Christel Veraart, cantor e compositor, Alasca.[38]

EM 2002, após a gravação do *Acústico en Vivo*, um álbum ao vivo pelo qual ela ganhou seu segundo Grammy, Mercedes fica novamente doente – dessa vez fisicamente. Ela é obrigada a cancelar todos os shows agendados e a doença a impossibilita de fazer apresentações por dois anos, embora tenha conseguido apoiar a campanha de Néstor Kirchner em 2003.

Pouco depois de tomar posse, em maio, Kirchner demite poderosos oficiais militares e policiais. Enfatizando a necessidade de aumentar a responsabilidade e a transparência no governo, Kirchner revoga as leis de anistia para os oficiais militares acusados de tortura e assassinato durante a Guerra Suja. Ao anular essas leis, o caso contra Videla, junto com quatorze outros generais responsáveis pela Guerra Suja, é reaberto. Eles são acusados de assassinato, tortura e sequestros, e sentenciados à prisão perpétua. Desta vez o juiz certifica-se de que a anistia não é possível e de que eles não escapem das consequências de seus atos. Mercedes está aliviada de que a justiça pareça finalmente prevalecer em seu país.

Videla é enviado para uma prisão comum onde morre após uma queda no chuveiro em 17 de maio de 2013. Durante seu processo judicial, ele continuava defendendo os atos bárbaros que cometeu contra a humanidade. Um novo mandado de prisão é emitido para Isabel Perón mas não é possível prendê-la, pois está foragida na Espanha e o governo espanhol recusa-se a extraditá-la para a Argentina.

Quando Mercedes retorna em 2005, após seu hiato, ela sofre de dores crônicas nas costas por causa de algumas quedas sérias que quase a imobilizaram. Isso a impede de dançar como costumava fazer, mas mesmo com fortes dores ela encontra um jeito de proporcionar às pessoas o que elas esperam, e seus shows continuam esgotados. A primeira apresentação após seu retorno é no Congresso Argentino, no *Música en el Salón Blanco* (Música no Salão Branco), e tem uma audiência televisiva de um milhão de espectadores. Ela é homenageada pela primeira-dama Cristina Fernández Kirchner, ministros, oficiais do governo e vários outros artistas argentinos. Ao lado dos convidados, León Gieco e Teresa Parodi, ela canta muitos dos clássicos do cancioneiro folclórico que a fizeram famosa. Ela também canta músicas do novo CD, *Corazón libre*, que é lançado em 2005 e rende à Mercedes seu terceiro Grammy.

EM FEVEREIRO de 2007, Mercedes vai de férias à Mendoza. Ela está entusiasmada em voltar ao lugar onde certa vez se apaixonou e onde o Manifesto do Movimento da Nova Canção, que influenciou sua vida desde então, foi criado. Ela está agora em seus setenta anos e quer um tempo para refletir sobre sua vida em ambientes tranquilos e silenciosos, longe da confusão caótica de Buenos Aires.

Em pé junto à janela, ela observa seu grande jardim com as velhas e majestosas árvores. Ao olhar para fora, nota o reflexo de si mesma no vidro. Ela estuda a paisagem de rugas no mapa de seu rosto. Todas elas contam uma história – a dela. A história de uma mulher que teve a sorte de crescer em uma família amorosa e apoiadora, dona de um talento nato e que sempre fez o que mais gostava. Uma mulher que nunca sonhou em ter uma vida tão emocionante, viajando ao redor do mundo e recebendo tanto reconhecimento. Ela nunca buscou nada disso. A vida deve tê-la escolhido a dedo, pensa ao ver o cenário em seu rosto se transformando em um sorriso. Ela também observa em sua testa profundos desfiladeiros formados por eventos trágicos. Mudanças indesejadas empurraram-na em direções nas quais ela não queria ir. Entretanto, elas acabaram por levá-la ao seu destino quando se rendeu à aceitação, o único guia capaz de atravessar os tortuosos caminhos da mudança. "Todo cambia" é como um guia em sua vida, fazendo dela uma constante jornada. "Eu tive uma vida muito bonita e muito trágica",[3] diz ela em voz alta, e se afasta da janela. Ela precisa preparar-se para uma entrevista, ou é isso que ela pensa.

Em outra parte do país, um grupo de sessenta animados jovens cantores entra em um ônibus em direção à Mendoza.

O único compromisso na agenda de Mercedes durante sua estadia em Mendoza é um encontro com o argentino Bahiano, cantor e compositor de reggae, a quem foi concedida uma entrevista para um documentário sobre o folclore na América Latina para o programa MP3.[43] A gravação está prestes a começar. Ela usa um vestido cor-de-rosa com bordados brancos e espera ansiosamente sentada no sofá Chesterfield de dois lugares até que o cinegrafista esteja preparado. Ele explica que para conseguir imagens melhores, as cortinas precisam ser abertas. Ela não faz ideia de que é tudo parte de uma armação, e que está prestes a ter uma maravilhosa surpresa.

A entrevista começa. Mercedes se sente relaxada e bem humorada. Eles já passaram dez minutos olhando fotos antigas e ela contou ao repórter o quão importante para si é a sua família. Ela até cantou para ele uma de suas músicas favoritas. O cinegrafista deixou abertas as janelas voltadas para a rua e as cortinas se movem levemente. Bahiano pergunta à Mercedes se gosta de serenatas e ela confirma. De repente, Mercedes ouve uma cantoria vindo da rua. Ela olha perplexa para o jornalista, que se levanta de sua cadeira e estende a mão para, cuidadosamente, ajudá-la a levantar-se. Devagar, eles caminham em direção à janela, onde ele afasta as cortinas para o lado. Em completo deslumbramento, ela vê uma multidão de jovens cantando "Tonada del viejo amor" (Canção do velho amor) em um coro polifônico. Soa fabuloso. Mercedes contempla-os com admiração e logo junta-se a eles.

Quando terminam, ela enxuga as lágrimas dos olhos, grita "Bravo, bravo, bravo", agradece-os e pede por mais uma. O grupo então começa a cantar "Luna tucumana" (Lua tucumana). Em seguida Bahiano conduz Mercedes, que apesar da dificuldade para caminhar está extremamente animada, até a rua, onde a aguarda outra serenata, "Zamba por vos" (Zamba para você).[44] É uma homenagem que nenhum deles jamais esquecerá.

MERCEDES CONTINUA politicamente ativa, e em 2007 apoia a candidatura de Cristina Fernández de Kirchner, esposa de Nestór Kirchner, que vence e torna-se a primeira mulher presidente eleita da Argentina. Mercedes aceita um convite para cantar na celebração de inauguração em frente ao Palácio do Governo, em 10 de dezembro. As políticas de administração dos Kirchner têm tido grande impacto para o proletariado, cuja exploração Mercedes tem denunciado tão fervorosamente em muitas de suas músicas.

Apesar da saúde frágil, Mercedes continua a viajar pelo mundo todo. Ela sofre de problemas respiratórios e sua voz já não é mais tão forte, mas continua sendo um instrumento admirável. É rica e dinâmica, mas também maleável e surpreendentemente expressiva. Seu vibrato se intensificou com a idade, mas ela usa-o com moderação. Ela está determinada a continuar cantando pelo tempo que puder.

Dois mil e oito é um ano muito ativo para ela. Em 18 de maio, Mercedes se apresenta junto com à popular cantora colombiana Shakira, em Buenos Aires. Elas cantam a música "La maza" em um enorme show beneficente ao ar livre pelas crianças marginalizadas da América Latina. Ela também viaja para Europa e Israel e faz diversos concertos no Carnegie Hall, em Nova York. Devido à severa dor nas costas, ela agora é obrigada a sentar-se em uma cadeira de rodas no palco, mas isso não a impede de se levantar por um momento e fazer alguns de seus característicos passos de *zamba* sempre que se apresenta. Quando o faz, o público vibra.

Tendo completado a turnê, Mercedes começa a planejar a gravação de outro CD, *Cantora*, sobre o qual já havia conversado com a gravadora. Ela o visualiza como um CD duplo, composto por músicas que nunca havia gravado antes, e com a contribuição de convidados pelos quais ela tem uma afeição especial. O produtor da Sony acha uma ótima ideia e ajuda na escolha das músicas e dos artistas. Ela envia convites pessoais e recebe de todos respostas positivas. É uma honra fazer parte do projeto, eles dizem. É também uma oportunidade para Mercedes reunir-se com amigos que não vê há muito tempo. O cantor brasileiro Caetano Veloso, por exemplo. Ao voltar a vê-lo no estúdio, ela é obrigada a enxugar com um lenço os olhos mareados. "Querido, como você está? Meu querido irmão, faz tanto tempo que não nos vemos. Eu te amo muito, Caetano. Estou muito feliz em te ver",[3] ela diz.

Charly García, o cantor de rock, interpreta uma linda e emocionante canção, "Desarma y sangra" (Desarma e sangra), sobre estar na escola da vida. A letra afirma que não há nenhuma escola que possa te ensinar como deve viver a vida. Charly passou por um período difícil antes das gravações e Mercedes, que esteve preocupada com ele, diz, "Eu sinto uma felicidade estranha dentro de mim. Eu nunca te vi assim antes. Que linda canção. Que bonita, meu lindo príncipe".[3] Eles então começam a dançar no meio do estúdio enquanto todos os outros formam um círculo ao seu redor e batem palmas. Depois de sua breve dança, eles retiram-se para um sofá de couro marrom onde Charly a abraça e ela descansa satisfeita em seus braços.

As gravações acontecem em uma atmosfera livre e tranquila, marcada pela sinceridade, bom humor e respeito mútuo. A voz de Mercedes ainda é forte, mas se cansa mais facilmente, por isso ela estuda minuciosamente cada música antes de gravá-las. Ela quer que estejam perfeitas na primeira ou segunda tentativa para preservar a voz. Sua memória é impecável. Mercedes sabe todas as suas músicas de cor, e mantém a letra à sua frente apenas como uma formalidade. Aos setenta e três anos, ela ainda tem altas expectativas sobre si mesma: “Isto será ouvido no mundo todo para sempre, e se não fizermos direito, nos odiaremos eternamente por não termos cantado a canção do jeito certo”.[4] Quando chegam à gravação de “Zamba del cielo” (Zamba do céu), com Fito Páez e Liliana Herrero, o estúdio todo estremece como se o céu tocasse a terra. Em seguida há um completo silêncio e eles se dão as mãos. Liliana irrompe em lágrimas e Mercedes grita, “Oh meu Deus. É insano. Eu tive arrepios do começo ao fim da música”. A canção expressa o sentimento de Mercedes quando olha em retrospecto para sua vida:

“A vida me deu muita coisa. Mas também levou embora. A vida é como um rio de maravilhas e dor.”

Em uma entrevista sobre a gravação de *Cantora*, Mercedes é perguntada sobre o porquê de estar sendo gravado nesta altura de sua carreira. Ela responde com um trecho da canção “Cuchillos” (Facas), de Charly García: “Porque eu não vou morrer”.

A última canção que Mercedes grava para *Cantora* é um dueto com Pedro Guerra, originário das Ilhas Canárias. A música é uma faixa bônus para a edição em espanhol. Foi escrita por Pablo Milanés especialmente para ela e chama-se "La soledad" (A solidão). Mercedes está muito fraca para sair de casa, então a gravação acontece em um pequeno estúdio montado em um cômodo adjacente à sua sala de estar. A música coloca em palavras a solidão que ela experimentou ao longo da vida, mas não há nenhum traço de dor em sua voz. Ao contrário, a última música que entrega ao mundo é o relaxante som do quebrar das ondas apagando as pegadas de solidão marcadas no coração.

Cantora torna-se um dos discos mais vendidos na Argentina em 2009 e ganha o Grammy Latino de Melhor Álbum Folclórico.

Buenos Aires, 18 de setembro de 2009

DESDE QUE MERCEDES terminou as gravações de *Cantora*, em junho, sua saúde continuou piorando. Ela está em pé em seu apartamento e olha a cidade de Buenos Aires através da janela, emoldurada pelas samambaias verdes na varanda. Fabián chegará em breve para levá-la à Clínica de la Trinidad, no bairro de Palermo, um dos melhores hospitais da cidade. Ela arrumou uma pequena mala para levar consigo. Seus olhos passeiam pela sala, dos vasos transbordando de flores coloridas às longas filas de livros nas prateleiras, e adiante, pelas obras de arte que colecionou ao longo dos anos – pinturas, esculturas, tapetes exóticos tecidos à mão que cobrem o chão e todo tipo de artesanato indígena. Um quadro decora a parede da entrada, é um desenho feito pela velha amiga Joan Baez. Seu olhar passa por todos os prêmios pendurados nas paredes. Eles sussurram-na, *nós somos a prova de que sua vida não foi um erro*. Alguns significam mais para ela do que outros – os que recebeu nos últimos anos. O Diamond Konex Award, de 1994, por ser a personalidade mais importante na música popular argentina, e dois preciosos prêmios de 1996, a medalha Simões Lopes Neto, pelos méritos artísticos e pessoais ao promover a união do povo, e o prêmio CIM-UNESCO são especiais para ela. Eles são a prova de que ela viveu com todo o seu potencial e cumpriu seu destino. Ao fim do dia, isso significa mais para ela do que ter sido reconhecida internacionalmente em 1996 por ter uma das vozes mais extraordinárias do mundo.

Ela dá um suspiro aliviado. Quando Fabián chega, ela continua com ele a conversa: "Tudo o que você vê aqui não são apenas prêmios que recebi por cantar. Eles também são gratificações pelo meu modo de pensar. Eu penso nos seres humanos. Eu penso na injustiça. Talvez se eu não pensasse, meu destino teria sido diferente. Eu teria sido apenas uma cantora comum. Então isso é o que me faz pensar que eu não me enganei quando comecei a ter uma ideologia."[3]

É com essa convicção que ela deixa sua casa pelo que acaba por ser a última vez. Durante as três semanas seguintes, a saúde de Mercedes se agrava. Os rins param de funcionar e ela tem problemas no fígado e no coração. Seu estado piora quando surgem complicações cardiorrespiratórias, e ela é colocada na unidade de cuidados intensivos.[45] Ela sabe que sua situação pode acabar sendo fatal e permite que muitos de seus bons amigos venham visitá-la para se despedirem caso ela não sobreviva, embora ainda espere por um milagre. Ela ama a vida, mas também não deseja envelhecer tanto quanto sua mãe. "Eu prefiro partir enquanto ainda penso com clareza", ela diz.

Na sexta-feira à noite ela pede que seu padre, Luis Farinello, venha para dar-lhe a extrema-unção,[46] um ritual católico que concede o perdão aos pecados cometidos, servindo como uma preparação para que a pessoa prestes a falecer possa passar para a vida eterna. Padre Farinello, que conhece Mercedes há anos, relata que conduzir este ritual foi um momento muito emocionante para ambos, já que Mercedes estava consciente e sabia que estava morrendo.

O país inteiro prende a respiração quando Fabián, do lado de fora do hospital, passa para os repórteres o relatório sobre a condição da mãe. No sábado ele diz, "Somos muitos os que rezamos por ela e acreditamos em um milagre, mas sua vida está nas mãos de Deus". O sobrinho dela, Coqui Sosa, confirma e diz a eles que o site oficial de Mercedes colapsou com o enorme número de mensagens de apoio chegando nos últimos dias.[47] "Isso mostra que o amor coloca as coisas em movimento", ele diz.

Mais do que qualquer coisa, Mercedes quer cantar para todos ao seu redor até o último suspiro. Mas seus pulmões falham. Ela é colocada em coma induzido e respira através de aparelhos, estando em constante observação. Em 4 de outubro, às 5h15, ela morre em paz enquanto dorme. Uma das melhores vozes que o mundo já ouviu silenciou-se. Um dos mais amáveis e apaixonados corações parou de bater.

"Ela morreu em paz, em sua cama de hospital, como uma mulher livre que realizou tudo o que queria na vida. Ela viveu seus setenta e quatro anos ao máximo. Não houve nenhum tipo de barreira ou medo que a limitasse",[47] Fabián proclama ao encontrar-se com a imprensa para anunciar a morte da mãe.

Buenos Aires, 5 de outubro de 2009

CENTENAS DE pessoas estão reunidas na alameda em frente ao crematório do Cemitério da Chacarita, em Buenos Aires. Elas aplaudem e cantam enquanto a fumaça branca que sai da chaminé sobe devagar em direção ao céu azul de primavera, como um gesto de agradecimento. Tal qual uma canção sem palavras, cantando pela última vez "GRACIAS A LA VIDA".

"Graças à vida, que me deu tanto
Me deu o riso e me deu o pranto
Assim distingo felicidade e sofrimento
Os dois materiais que formam meu canto"
"Graças à vida", de Violeta Parra

O último desejo de Mercedes era que suas cinzas fossem espalhadas em seus lugares preferidos: "Quando eu morrer, desejo ficar um pouco em Tucumán, um pouco em Mendoza e um pouco em Buenos Aires". Fabián, junto com os dois netos, os dois irmãos e os sobrinhos de Mercedes, realizou seu desejo. É mais um exemplo de como, tanto na vida quanto na morte, ela sempre quis estar em todos os lugares, abraçando a todas as pessoas.

Conclusão

MERCEDES SOSA TINHA obviamente um talento notável, primoroso e supremo, que abriu-lhe as portas para influenciar a política e a cultura no mundo inteiro, mas ela também possuía a capacidade de se conectar com as pessoas de uma maneira inédita entre as figuras públicas de seu tempo. Estivesse na presença de presidentes, pobres imigrantes, crianças ou camponeses, ela era sempre respeitosa, atenciosa e presente. Como testemunhamos, Mercedes sabia como abraçar o inesperado e o diferente, fosse um dependente químico, uma pessoa com síndrome de Down, adolescentes barulhentos ou alguém com HIV. Sua habilidade em ver a beleza nas pessoas e acolhê-las fazem-na parecer misteriosa, provavelmente porque o efeito de tão amável atenção é verdadeiramente poderoso para alguém que nunca a teve antes. O grande segredo por trás de seu impacto era de fato a autenticidade – a forma como expressava suas qualidades inatas aliado à habilidade de conectar-se com as pessoas com amor, dizendo, "Eu vejo você. Você é maravilhoso".

A vida de Sosa nos mostra que somos muito mais importantes do que o nosso talento. O talento é expresso *fazendo*, enquanto o DNA é expresso *sendo*. Mercedes tem consciência disso. "Há coisas que são mais importantes do que as cordas vocais. É o que se sente quando se produz um som, o sentimento de amor e de solidariedade com os outros. Não se trata de técnica. É sobre o que está dentro de nós", ela explica em uma entrevista telefônica com Don Heckman para o LA Times em 1995.

Quando observamos algumas das pessoas mais influentes do mundo atualmente, amor e solidariedade não parecem fazer parte de suas agendas. Em vez disso, tornou-se comum que as pessoas no poder enganem, intimidem e mintam abertamente em prol dos próprios interesses, e que explorem, sem mostrar nenhum sinal de vergonha, aqueles a quem deveriam servir. De uma perspectiva psicológica, é provável que esses comportamentos sejam resultado de uma criação em famílias disfuncionais; famílias conflituosas, com comportamentos inadequados, negligência e abuso infantil. Uma infância sofrida gera homens e mulheres desesperados, como disse Mercedes Sosa. Uma pessoa desesperada na política pode causar muitos danos, e é por isso que uma mente sã é muito mais importante do que a política.

A criação de Sosa em uma família amorosa e acolhedora, aliada à sua disposição em ser moldada pela resistência e o sofrimento enfrentados, foi o que fomentou sua autenticidade. Se Mercedes pôde reerguer-se de suas aflições como uma pessoa mais empática, resiliente e autêntica, também podemos cada um de nós, assim que aprendermos a responder aos desafios da vida de uma forma construtiva. É na escola da vida que conhecemos a nós mesmos, e todos temos guardado algo único que precisamos encontrar uma maneira de expressar porque, mesmo sem ter nenhum talento extraordinário, ainda podemos fazer a diferença na vida de alguém. Não podemos simplesmente esperar que os políticos façam deste mundo um lugar melhor e mais justo para todos. A vida de Sosa nos deixa uma importante mensagem: “VOCÊ PODE MUDAR O MUNDO SENDO VOCÊ MESMO”.

Mercedes Sosa merece permanecer na história como uma lenda mundial. Destacando-se por ser mulher, seu impacto vai muito além da música e da política. Ela é um exemplo que aponta o caminho para um mundo mais empático e solidário – um caminho onde amor e ação andam de mãos dadas. Foi o amor que a motivou a sair em defesa daqueles que estão à margem da sociedade. Ela canta para as pessoas porque as ama, e costumava exclamar ao público: "Ninguém pode e ninguém deve viver sem amor".[48] Ela não é só a voz da América Latina, é a voz do mais lindo e profundo sentimento do mundo – AMOR! Ela é a voz dos humildes, daqueles que sofrem e dos que são esquecidos. Sempre em nossos corações, Mercedes nos dá forças para continuar sonhando com um mundo mais justo e esperançoso.

Epílogo

A ARGENTINA AINDA sofre com os fantasmas do passado. Em 1 de agosto de 2017, Santiago Maldonado, 28 anos, tatuador formado em belas-artes, desapareceu em uma manifestação pelos direitos indígenas na Patagônia, onde o povo Mapuche reivindicava seu direito ancestral a um pequeno pedaço de terra pertencente à Benetton, varejista italiana de roupas. Quando as forças de segurança apareceram disparando balas de chumbo e borracha nos manifestantes, alguns deles pularam no Rio Chubut para escapar. Santiago, que não sabia nadar, estava agarrado a uma árvore quando foi detido pela polícia, relatou uma testemunha. O ministro de segurança nacional negou o envolvimento da polícia e a polícia negou a detenção de Santiago.

O desaparecimento gerou protestos massivos ao redor do país. Os argentinos manifestaram-se nas mídias sociais e organizaram protestos em conjunto com a marcha semanal das Avós da Praça de Maio, que cobram pela memória, verdade e justiça em nome das crianças desaparecidas durante a ditadura. "Voltamos quarenta anos no tempo. Não posso aceitar isso", disse Rosa Tarlovsky de Roisinblit, 98 anos, vice-presidente das Avós da Praça de Maio.

Cristina Fernández de Kirchner, que visa voltar à presidência em 2019, critica duramente a reação do governo ao desaparecimento de Maldonado, dizendo já não acreditar mais na existência de um Estado de Direito na Argentina.

Maldonado tornou-se um símbolo para diversos conflitos, dos direitos indígenas à repressão governamental, e reavivou memórias amargas da ditadura militar argentina de 1976-83. Seu desaparecimento pressionou o governo de centro-direita do presidente Mauricio Macri, que tem tentado minimizar os crimes da ditadura Argentina. Quando perguntado pelo repórter de um jornal argentino se ele achava que o número de desaparecidos durante a ditadura era de trinta mil, Marci respondeu: "Eu não tenho ideia. Se foram nove mil ou trinta mil, eu acho que é uma discussão que não faz sentido".

O corpo de Santiago foi encontrado setenta e oito dias depois no Rio Chubut. Ninguém foi responsabilizado pelo crime e o único policial indiciado foi promovido pelo ministério da segurança. Em dezembro de 2017, um relatório publicado pela Coordenadoria Contra a Repressão Policial e Institucional indicou que a Argentina estava passando pelo pico mais violento de repressão desde 1983. Se Mercedes Sosa ainda estivesse viva, acredito que estaria chorando pela Argentina, manifestando-se contra a injustiça, cantando esperança em meio ao desespero das pessoas e unindo-as e confortando-as com um caloroso abraço.

Depoimento

Raimundo Fagner

Amigo pessoal de Mercedes Sosa, cantor, compositor, musicista, ator e produtor musical brasileiro

Mercedes foi uma grande artista com uma história singular que eu já admirava antes de conhecê-la pessoalmente. Cantar com ela foi um momento marcante, por tudo que ela representava e as coisas que aconteceram naquele encontro mágico na casa do famoso toreador Luis Dominguín. Joan Manuel Serrat contribuiu para que nossa amizade se estreitasse. Coincidiu com a chegada do poeta Rafael Alberti à Espanha, após o exílio de 28 anos. Em Madri, presenciei momentos de muita emoção entre eles na casa do pintor espanhol Osvaldo Gomariz, na Calle de Goya, de quem Alberti e Mercedes eram muito amigos. Outra figura importante na época era a poetisa espanhola Gloria Fuertes. Com eles eu frequentava o reduto da boemia espanhola, na Plaza de Santa Ana, onde se reuniam intelectuais, artistas, músicos e toureiros. As noitadas se encerravam no Hotel Reina Victoria, onde eu me hospedava.

Acredito que nossa gravação de Años (Pablo Milanés) será sempre relevante em nossa discografia e no coração de muita gente. A passagem de Mercedes Sosa pelo Brasil não foi tão longa, mas foi intensa e marcante pela colaboração de artistas brasileiros importantes. Ficou na lembrança daqueles que se identificaram com o novo som que era executado exaustivamente nas rádios do Brasil e da América Latina.

Após sua volta retumbante à Buenos Aires, eu costumava visitá-la. Nessas ocasiões, ela preparava jantares e organizava encontros memoráveis com a classe artística local, especialmente na casa do renomado pianista Ariel Ramirez.

Em seu último show no Brasil, no Vivo Rio, me deixou emocionado ao fazer referências à minha presença. La Negra (como era chamada carinhosamente por seus fãs), estará sempre no meu coração.

Raimundo Fagner (SET/2020)

Fagner com Mercedes em 1981

Apêndices

MERCEDES SOSA: *The Voice of Hope* é o primeiro livro alguma vez escrito sobre Mercedes Sosa em inglês. Eu comecei escrevendo na minha língua materna, dinamarquês, mas quando encontrei minha amiga turca (mencionada na introdução), decidi mudar para o inglês, mesmo que tenha sido, claro, muito mais desafiador.

Ao conduzir minha pesquisa, juntei toda a informação que pude sobre Mercedes Sosa em inglês. Entretanto, a maior parte do material disponível para mim estava em espanhol. Não ter acesso às fontes em espanhol pareceu de início um obstáculo, mas logo acabou por ser uma vantagem, já que forçou-me a usar todos os meus sentidos. Para criar uma história única e pessoal, decidi ater-me ao meu método perceptivo. Eu ouvia às músicas de Mercedes Sosa e a assistia em DVDs ou na internet, e assim passei a conhecê-la quase da mesma forma que se conhece alguém na vida real. Se queremos conhecer uma pessoa, passamos tempo com ela, ouvimos o que diz, reparamos em suas expressões e observamos seu comportamento. Também tentamos ao máximo entender o que o outro está passando. Foi assim que conheci Mercedes Sosa. Usei uma abordagem conscienciosa em minha pesquisa, o que significa que passei horas em sua companhia – quase todos os dias durante seis anos, prestando atenção em sua voz, expressões, gestos e o modo de se relacionar com os outros, enquanto notava os efeitos físicos e psicológicos que essas observações tiveram em mim. Além disso, eu usei o conhecimento que adquiri sobre Mercedes para imaginar empaticamente como seria estar em seu lugar. Na passagem onde descrevo o que passava em sua cabeça quando o público fez-lhe uma ovação em pé de dez minutos, eu me levantei, fechei os olhos, ouvi os aplausos de um concerto e fingi que era Mercedes – até que meu marido me perguntasse o que raios estava fazendo.

Eu usei minha imaginação para reforçar o fluxo da narrativa ou para destacar um ponto nas seguintes passagens:

- A reação de Mercedes à morte de Victor Jara.
- A reação de medo à carta de advertência da *Triple* A.
- Seus pensamentos na viagem de volta do exílio.
- Temendo o que as pessoas pensarão sobre estar acima do peso, ao se olhar no espelho.
- Como vivenciou a ovação de dez minutos em pé no Carnegie Hall.
- A insônia no início da depressão, em 1997.
- As reflexões de Mercedes sobre sua vida ao observar seu rosto na janela, em 2007.
- Esperando Fabián levá-la ao hospital.

Os concertos que descrevi contém também elementos de outros concertos.

Por vezes, diferentes fontes deram declarações divergentes sobre o mesmo tema. É, portanto, incerto se seu problema alcóolico foi logo após o divórcio ou durante o exílio.

Não é claro o que provocou a perda de sua voz durante o exílio. Eu pesquisei o raríssimo fenômeno e descobri que foi provavelmente um aumento do ácido gástrico que causou o problema. Como esta explicação é usada quando ela perde a voz pela segunda vez, durante a depressão, é provável que o mesmo tenha ocorrido durante o exílio. Em termos médicos, o diagnóstico é chamado laringite de refluxo.

Sobre a autora

ANETTE CHRISTENSEN, nascida e criada na Dinamarca, começou sua carreia ajudando a desenvolver programas beneficentes internacionais. Mais tarde, tornou-se professora de línguas para estudantes universitários e depois, com seu marido, administrou uma agência de turismo e uma imobiliária. Atualmente, semiaposentada e morando na Turquia, ela escreve e foca no crescimento pessoal.

Por anos, Anette viajou para muitos lugares do mundo. Suas experiências com várias culturas possibilitaram-na conhecer pessoas com visões de mundo diferentes da dela. Ela anseia aprender com os outros e tem prazer em acolher as diferenças, encontrando a singularidade que acredita estar dentro de cada indivíduo.

Durante oito anos, Christensen realizou mais de 7.000 horas de pesquisa. Isso incluiu assistir a documentários, ler artigos e conversar com a família, os amigos e outras pessoas próximas à artista. Hoje, Christensen é uma respeitada embaixadora de Mercedes Sosa pelo mundo.

A Fundação Mercedes Sosa

Na Argentina, Fabián Matus, filho de Mercedes Sosa, e os dois netos dela, Agustín e Araceli, trabalham arduamente de corpo e alma para manter vivo o legado de Mercedes Sosa. Fico muito feliz em ter estabelecido uma conexão com essa família maravilhosa e grata por seu apoio e apreço pelo livro. Infelizmente, Fabían Matus faleceu de câncer, com apenas sessenta anos de idade, em 15 de março de 2019. Araceli assume a direção.

A Fundação Mercedes Sosa é uma instituição cultural sem fins lucrativos que visa preservar e propagar a herança artística de Mercedes Sosa para promover e desenvolver a cultura latino-americana entre as gerações atuais e futuras da Argentina e do resto do mundo através das muitas atividades culturais que oferece. Visite mercedessosa.org

MERCEDES
SOSA

Notas finais

OBRIGADA POR dedicar tempo para conhecer Mercedes Sosa. Eu espero que você se sinta engrandecido. Talvez você compreenda por que é importante manter vivo seu legado, compartilhando sua história. Eu continuarei a investir tempo e esforço em fazer com que o livro seja traduzido em mais línguas, mas como uma autora independente, também preciso de uma pequena ajuda dos leitores. Se este livro te tocou ou te inspirou de alguma maneira, você pode apoiá-lo deixando uma avaliação na Amazon ou na Goodreads, ou ainda escrevendo um curto *review*. Caso o faça, será um grande incentivo para mim pessoalmente. Sinta-se à vontade para conectar-se comigo no Facebook. Ficarei muito feliz em ouvir sua opinião sincera.

No meu canal do YouTube você encontrará uma seleção de playlists com vídeos escolhidos a dedo para auxiliar nos temas abordados no livro. Espero que os considere úteis.

Encontre-me aqui:
mercedes-sosa.com
facebook.com/AnetteChristensenAuthor

Gravações

Canciones con fundamento (1959)
La voz de la zafra (1961)
Hermano (1966)
Yo no canto por cantar (1966)
Para cantarle a mi gente (1967)
Con sabor a Mercedes Sosa (1968)
Mujeres argentinas (1969)
El grito de la tierra (1970)
Navidad con Mercedes Sosa (1970)
Güemes, el guerrillero del norte (1971)
Homenaje a Violeta Parra (1971)
Cantata Sudamericana (1972)
Hasta la victoria (1972)
Mercedes Sosa y Horacio Guarany (single 1973)
Traigo un pueblo en mi voz (1973)
Mercedes Sosa y Horacio Guarany (single 1974)
A que florezca mi pueblo (1975)
Niño de mañana (1975)
En dirección del viento (1976)
Mercedes Sosa (1976)
Mercedes Sosa interpreta a Atahualpa Yupanqui (1977)
O cio da terra (1977)
Serenata para la tierra de uno (1979)
Gravado ao vivo no Brasil (1980)A quién doy (1981)

Mercedes Sosa en Argentina (1982)
Como un pájaro libre (1983)
Mercedes Sosa (1983)
Recital (1983)
¿Será posible el sur? (1984)
Corazón americano (1985) (com Milton Nascimento e León Gieco)
Vengo a ofrecer mi corazón (1985)
Mercedes Sosa '86 (1986)
Mercedes Sosa '87 (1987)
Gracias a la vida (1987)
Amigos míos (1988)
Live in Europa (1990)
De mí (1991)
30 años (1993)
Sino (1993)
Gestos de amor (1994)
Oro (1995)
Escondido en mi país (1996)
Alta fidelidad (1997) (com Charly García)
Al despertar (1998)
Misa Criolla (2000)
Acústico (2002)
Argentina quiere cantar (2003) (com Víctor Heredia e León Gieco)
Corazón libre (2005)
Cantora (2009)
Deja la vida volar (2010)
Censurada (2011)
Siempre en ti (2013)
Selva sola (2013)
Ángel (2014)
Lucerito (2015)

Fontes

1. Mercedes Sosa has Died, 4 de outubro de 2009, Rachel Hall, *The Argentina Independent.*
2. Irgenwann singe ich John Lennon's Imagine, 25 de outubro de 2003, Hinnerk Berlekamp, berliner-zeitung.de.
3. *Cantora, un viaje intimo*, DVD.
4. *Mercedes Sosa, La voz de Latinoamérica*, DVD.
5. Tribute to Mercedes Sosa, outubro de 2009, Renata Dikeopoulou,ghostradio.gr.
6. Tomamos la vida muy a la ligera, 1999, Víctor M. Amela, Solidaridad.net.
7. Mi canto latinoamericano, Claus Schreiner, 1988, Darmstadt.
8. *Mercedes Sosa La Negra*, Rodolfo Braceli, 2010, Penguin Random House.
9. *La Nueva Canción*, Smithsonian Folkways, The New Song Movement in South America.
10. Argentine Singing Legend Mercedes Sosa dies at 74, 5 de outubro de 2009, Adam Bernstein, *Los Angeles Times.*
11. Mercedes Sosa, A Voice of Hope, 9 de outubro de 1988, Larry Rohter, *The New York Times.*
12. Argentina's Mercedes Sosa Emerges as a Survivor, 22 de outubro de 1988, Victor Valle, *Los Angeles Times.*
13. Mercedessosa.org.
14. The life and death of Víctor Jara, 18 de setembro de 2013, Andrew Tyler, *The Guardian.*
15. Argentine Singer Sosa's Power Outlasted Political Tyranny, 14 de Janeiro de 2011, Mike Quinn, Sounds Good.
16. Argentina Releases Nazi Files, 4 de fevereiro de 1992, articles.sun-sentinel.com.
17. *Searching for Life*, Rita Ardetti, 1999, University of California Press.

18. Secret Military Dictatorship's Documents Found in Basement, 5 de novembro de 2013, Tess Bennett, *The Argentina Independent.*
19. Mercedes Sosa Comes Back from the Pit, 26 de maio de 1999, Utusan Online.
20. La Negra is back - with God at her side, 6 de junho de 2007, Pablo Calvi, *Daily News.*
21. Folk Legend Mercedes Sosa Dies, 9 de outubro de 2009, *The Telegraph.*
22. Sosa's Land Always Near in her Songs, 4 de setembro de 2003, Sandra Hernandez, *Sunsentinel.*
23. *Como un Pájaro Libre*, by Ricardo Willicher, DVD.
24. *Singing Truth to Power: Mercedes Sosa*, 1935–2009, T.M. Scruggs, Nacla.
25. *Mercedes Sosa, Será possible el sur?* de Stefan Paul.
26. Grandmothers of Plaza de Mayo Find Child 126, 6 de dezembro de 2017, *The Bubble, Argentina News*
27. Argentina's Diva of the Dispossessed, 13 de março de 2012, Tom Schnabel, blogs.kcrw.com.
28. Mercedes Sosa, song with no Boundaries, The Free Library.com.
29. Migrant Voice of Argentina, 3 de novembro de 1989, Geoffrey Himes, *Washington Post.*
30. *Earthcharter.org/discover.*
31. *Three Worlds, Three Voices, One Vision*, DVD.
32. Bruce Springsteen Helped Breach Berlin Wall, Rolling Stone Magazine, 27 de junho de 2013, by Jon Blistein.
33. Live concert, in Boston, 1989, YouTube.
34. Show de Xuxa, Xuxa recipe Mercedes Sosa 1993, YouTube.
35. Mercedes Sosa: Cantora an Upright Last Offering, Tobias, Tokafi.com.
36. Qué puedo hacer si no es cantar?, 20 de maio de 2006, Karina Micheletto, pagina12.com.ar.
37. Mercedes Sosa, The Voice of the Voiceless Ones, 12 de dezembro de 2011, Christel Veraart, Soundscapes, Blogspot.com.

38. Argentina's Diva of the Dispossessed, 13 de março de 2012, Tom Schnabel, blogs.kcrw.com.
39. Mercedes Sosa, Singer or Saint of the People, 9 de fevereiro de 2014, Sandra Bertrand, galomagazine.com.
40. Live concert, Jujuy - Argentina en vivo 1 and 2, março de 2001, YouTube.
41. Mercedes Sosa, A Lifelong Source of Inspiration, 9 de outubro de 2009, Ian Malinow, *The Examiner.*
42. Argentine singer Mercedes Sosa Dies at 74, 9 de outubro de 2009, Helen Popper, Reuters.
43. Mercedes Sosa se emocionó con una serenata sorpresa, 21 de fevereiro de 2007, Clarin.com.
44. Serenata a la querida "Negra Sosa", ofrecida por el programa "Mp3, Música para el Tercer Milenio," conducido por el "Bahiano," parte 1 and 2.
45. Famed Argentine Folk Singer Mercedes Sosa Hospitalized, breathing with a respirator, 1 de outubro de 2009, entertainment.gaeatimes.com.
46. Argentine Singer, Mercedes Sosa, in Grave Condition, 3 de outubro de 2009, Latin American Herald Tribune, laht.com.
47. Mercedes Sosa, Who Sang of Argentina's turmoil Dies, 5 de outubro de 2009, Larry Rohter, The New York Times.
48. Mercedes Sosa Captivates with substance and Style, 13 de novembro de 2005, David Cazares, *Sun Sentinel*

Bibliografia

Livros
The Penguin History of Latin America, Edwin Williamson, 1992, Penguin Group
Searching for Life, Rita Ardetti, 1999, University of California Press
Mi canto latinoamericano, Claus Schreiner, 1988, Darmstadt
Mercedes Sosa La Negra, Rodolfo Braceli, 2010, Penguin Random House

DVDs
Mercedes Sosa, Será possible el sur? de Stefan Paul
Como un Pájaro Libre by Ricardo Willicher
Three Worlds, Three Voices, One Vision
Mercedes Sosa, Acústico en Suiza
Cantora, un viaje intimo
Mercedes Sosa, La voz de Latinoamérica

Websites
Mercedes Sosa: Cantora an Upright Last Offering, Tobias, Tokafi.com
Folk Legend Mercedes Sosa Dies, 9 de outubro de 2009, The Telegraph
Mercedes Sosa, Who Sang of Argentina's turmoil, Dies, 5 de outubro de 2009, Larry Rohter, The New York Times
Mercedes Sosa, A Voice of Hope, 9 de outubro de 1988, Larry Rother, The New York Times
Argentine Singing Legend Mercedes Sosa dies at 74, 5 de outubro de 2009, Adam Bernstein, Los Angeles Times
Argentina's Mercedes Sosa Emerges as a Survivor, 22 de outubro de 1988, Victor Valle, Los Angeles Times
Argentina's Rebel-Rousing Diva, 16 de maio de 2001, Robin Denselow, The Guardian
Mercedes Sosa obituary, 5 de outubro, Garth Cartwright, The Guardian

Argentine singer Mercedes Sosa Dies at 74, 9 de outubro de 2009, Helen Popper, Reuters
Mercedes Sosa has Died, 4 de outubro de 2009, Rachel Hall, The Argentina Independent
Cumplo mi promesa, Martin Peres, Pagina 12.com
Secret Military Dictatorship's Documents Found in Basement, 5 de novembro de 2013, Tess Bennett, The Argentina Independent
La Nueva Canción, Smithsonian Folkways, The New Song Movement in South America
Irgenwann singe ich John Lennon's Imagine, 25 de outubro de 2003, Hinnerk Berlekamp, berliner-zeitung.de
Tribute to Mercedes Sosa, outubro de 2009, Renata Dikeopoulou, ghostradio.gr
Famed Argentine Folk Singer Mercedes Sosa Hospitalized, breathing with a respirator, 1 de outubro de 2009, entertainment.gaeatimes.com
Argentine Singer, Mercedes Sosa, in Grave Condition, 3 de outubro de 2009, Latin American Herald Tribune, laht.com
Mercedes Sosa Remains Grave with "Deterioration of Organ Functions," Latin American Herald Tribune, laht.com
Sosa's Land Always Near in her Songs, 4 de setembro de 2003, Sandra Hernandez, Sun Sentinel
Argentina's Diva of the Dispossessed, 13 de março de 2012, Tom Schnabel, blogs.kcrw.com
Mercedes Sosa, Singer or Saint of the People, 9 de fevereiro de 2014, Sandra Bertrand, galomagazine.com
Cantora, Mercedes Sosa, Fernando Gonzalez, irom.wordpress.com
Qué puedo hacer si no es cantar?, 20 de maio de 2006, Karina Micheletto, pagina12.com.ar
Mercedes Sosa, a compelling figure in world music and a social activist, 29 de outubro de 1995, Don Heckman, Los Angeles Times
Political Controversy Won't Keep Sosa Out of Miami, 3 de novembro de 1989, John Lennart, Sun Sentinel
Argentina Releases Nazi Files, 4 de fevereiro de 1992, articles.sun-sentinel.com
Migrant Voice of Argentina, 3 de novembro de 1989, Geoffrey Himes, Washington Post

Mission Justice - Argentina, Human Rights Violations in Argentina, 9 de agosto de 2010, Drew Gillespie, missionjusticeargentina.blogspot.com.tr
Blending politics and music, 21 de outubro de 2009, Bridget Broderick, Socialistworker.org
Mercedes Sosa, *The Voice of the Voiceless Ones*, 12 de dezembro de 2011, Christel Veraart, Soundscapes, Blogspot.com
Argentina Plaza de Mayo Grandmothers find child 119, 1 de dezembro de 2015, BBC News
Film: Será Posible el Sur?, On an Argentine Singer, 11 de setembro de 1987, Jon Pareles, The New York Times
Earthcharter.org/discover
The life and death of Víctor Jara, 18 de setembro de 2013, Andrew Tyler, The Guardian
Argentine Singer Sosa's Power Outlasted Political Tyranny, 14 de Janeiro de 2011, Mike Quinn, Sounds Good
Singing Truth to Power: Mercedes Sosa, 1935–2009, T.M. Scruggs, Nacla
Bruce Springsteen Helped Breach Berlin Wall, 27 de junho de 2013, Jon Blitstein
Mercedes Sosa, *Songs with no Boundaries*, junho de 1996, Caleb Bach, Questia.com
Mercedes Sosa *Captivates with substance and Style*, 13 de novembro de 2005, David Cazares, Sun Sentinel
Tomamos la vida muy a la ligera, 1999, Victor M. Amela, Solidaridad.net
Mercedes Sosa *se emocionó con una serenata sorpresa*, 21 de fevereiro de 2007, Clarin.com
La Negra *is back - with God at her side*, 6 de junho de 2007, Pablo Calvi, Daily News
Mercedes Sosa *Comes Back From the Pit*, 26 de maio de 1999, Utusan Online
Argentina's Mercedes Sosa - *She died in Peace, a Free Woman*, Georgianne Nienaber, Huffington Post
Mercedes Sosa, *A Lifelong Source of Inspiration*, 9 de outubro de 2009, Ian Malinow, The Examiner

Santiago Maldonado, Missing backpacker takes center stage in Argentina's elections, 6 de outubro de 2017, Uki Goñi, The Guardian Argentina. A 23 años del asesinato del periodista Mario Bonino, el crimen continúa impune, Resumen, 12 de novembro de 2016

Entrevistas

Christel Verarrt, cantor e compositor, Alasca
Fernando Pellegrini, jornalista, Argentina
Ignacio Zamalloa Markovic, ator, La Plata, Buenos Aires

Créditos das fotos

Página 18 © Annemarie Heinrich
Página 51 © Ron Kroon/Anefo
Página 88 © Sergio 252
Página 89 © Sergio 252
Página 124 © Raimundo Fagner
Página 130 © Fundación Mercedes S

www.ingramcontent.com/pod-product-compliance
Ingram Content Group UK Ltd.
Pitfield, Milton Keynes, MK11 3LW, UK
UKHW021912190726
13853UKWH00002B/640